아마릴리스 그녀의 기도문

김마리아 시집

시 | 인 | 의 | 말

꿈길이었을까요
어린 날의 별 고향으로
뒷걸음질 쳐 가는
어린소녀를 나는 바라보았습니다.

저만치서
그 소녀의 어머니는 소녀를 향해 달려오십니다.
그리움에 겨위 그리위서
천국의 향내가 흐르는
어머니의 품에 그 소녀는 안겼습니다.

그렇습니다.
제게 그토록 그리운 존재는
어머니였습니다.
시詩에게 가까이 가는 일은
어머니를 만나기 위한 일이기도 합니다.

어느 날은 눈물에 젖기도 합니다.
그건 슬픔이 아니며
시詩에게 더 가까이 가기 위한 진실된 속삭임입니다.

이제 첫 시집을 세상에 내놓으며
오늘에야 시에게 고백하며
비로소 시에게 내 마음을 보냅니다.
저의 시집을 건네받는
모든 분들께 세 잎 네잎 클로버로 만든
마음의 꽃 편지를 전해드립니다.
행복하소서.

2025년 6월에 초록의 성 밖 숲에서
꽃샘 김마리아

CONTENTS.1

제1부
여인의 눈

백조	12
아마릴리스를 알현하다	13
여인의 눈	15
달리아꽃	16
해맞이	19
분홍장미와 안개꽃	20
십자가	21
눈물	23
잊을 수 없는 것들	24
비목어	25
갈대	26
인내론忍耐論	27
모래시계에 대한 소고	28
여인의 향기	29
봄비	30
비도 길을 내었습니다	31
낙엽 단상	33
나팔꽃	34
어머니	35
첫눈	36
코스모스에게	38
파랑새	39
연꽃	40
별	41
꽃 벌집	42
풍선인형	44
안개	45

제2부

무無! 바람꽃의 곡선을 그리다

조각상	48
무無! 바람꽃의 곡선을 그리다	50
수묵화	51
비오는 정원에 앉아	52
가을동화	54
혼을 깨우는 붓의 향기	55
코스모스	56
유월이 지나는 길목에서	57
봄비 나리는 날의 명상	58
미인도	59
대숲에서	60
11월의 아침	61
가을에게	62
소나기	64
봄비와 수선화	65
겨울 호수	66
이제야 알았어요	67
꽃단풍의 노래	68
10월 속에 있는 그대에게	69
가을 바라기	70
철쭉꽃 편지	71
사월의 바다	72

CONTENTS.2

제3부
행복한 라르고(largo)의 선율

조각상	76
행복한 라르고(largo)의 선율	78
가을 별시	80
한가위	82
코로나의 봄	83
오페라	85
살아있다는 것은 마음 안에 깃드는 일이다	86
오! 오월의 밤하늘이여!	87
봄의 기도	88
공작새	89
물푸레나무 숲에서	90
그 해 여름 유년단상	91
피아노	93
하얀 나라 크리스마스	94
가을의 웨딩마치	95
가을 편지	96
침묵의 섬, 그 별에게	97
발렌타인데이	98
당신의 마음을 흔들고	99
겨울 애상愛想	100
능소화와 가시나무새의 사랑	101
요정이 된다면	102

제4부

하얀 꽃잎에 새긴 사랑

꽃의 기도	106
하얀 꽃잎에 새긴 사랑	107
가을로 그린 초상화	108
오월의 편지	110
사랑의 느낌표	112
목단에 대한 소고小考	113
초승달	114
능수오디	115
광안리 바다	116
티아라	118
웨딩드레스	119
기다림	120
수국	121
초콜릿	122
가을 사랑	123
국화꽃으로 쓰는 편지	124
선인장	125
젖어있는 노란 리본	126
눈 내리는 날	127
성탄전야	128
분홍장미	129
소꿉친구	130
난 꽃에 대한 음유	131
로미오와 줄리엣	132
장미향 같은 사랑	133
사월의 봄	134
겨울이 오는 늘녘에서	135
시 평	136

아마릴리스 그녀의 기도문
제1부 『여인의 눈』

백조	봄비
아마릴리스를 알현하다	비도 길을 내었습니다
여인의 눈	낙엽 단상
달리아꽃	나팔꽃
해맞이	어머니
분홍장미와 안개꽃	첫눈
십자가	코스모스에게
눈물	파랑새
잊을 수 없는 것들	연꽃
비목어	별
갈대	꽃 벌집
인내론忍耐論	풍선인형
모래시계에 대한 소고	안개
여인의 향기	

백조

새파란 해조음에
솟구치는 물소리
흰 날개 춤사위
거룩한 빛
우아한 자태의 백조여!

창공을 꿈꿀 때마다
자줏빛으로
화안한 눈부신 꽃 언저리

낮별을
물어온 한 나절의 호숫가
저마다 은결든 날개 꽃 피어난다

아마릴리스를 알현하다

아리따운 그녀의 이름은
아마릴리스입니다
꽃봉오리 곱게 핀 밤하늘이지만
어쩌다 오늘은 눈감기가 싫어져
꼿꼿이 등을 펴고
별빛 쏟아 부은 들창가로 나와
별들을 쓸었습니다
약한 내면에서
수세기 동안의 홀로 디자인된 쓸쓸함이
저 하늘 돌아서가는
여울목으로 남았기에
그녀는 잠들지 못합니다
그녀는 첫여름보다도 강렬한 입술과
음악보다도 아름답고
깊은 귀를 가졌으며
마지막 겨울보다도 따스하며
고혹적인 가슴을 간직하고 있었습니다

되뇌이면 뇌일수록
나긋나긋한 아리따운 그녀의
이름은 아마릴리스입니다
내 영혼 속에서 꺾어내어도
자꾸자꾸 싹이 트고야마는 것은
눈부신 아름다운 기도의 응답이었습니다

여인의 눈

눈동자 드로잉은
마치 우주를 축소하여 놓은 듯
들여다볼수록 광활하였습니다

지구에 머문 블랙홀
환하고 깊은 침묵호수
곡선의 심미안으로 빛납니다

밤하늘
소인국에는
눈동자들이 연거푸
사다리를 오르내리며
신비한 빛을 발하고 있었습니다
반복과 숙달과
연습을 반복하면서 말입니다

눈동자 드로잉은
차갑지만 따듯한 겨울입니다
노을빛 아이셰도우에 머무는

달리아꽃

웃는 순간
한 잎 한 잎 탱글탱글 여무는
달리아라는 이름을 가졌습니다
우아함과 화려한 자태를 지닌
꽃술들이 아이의 조막만한 손으로
한 뼘씩 커갈 때는
조금씩 하늘을 향한답니다
꽃피우는 모습을 들여다보나요
응시하실 동안
당신의 언 마음은 녹아내리나요
무료할 때는
가슴의 노래가
가난한 울림으로 떨려와
더욱 더 예뻐지는 다알리아
진한 선홍의 핏빛으로
살아가는 동안,
당신의 혼에 촛불을 놓아서
뜨거운 태양 아래서도
눈부신 기도는 멈추지 않습니다

그 누구도
달리아를 보거든
온유함으로 다가가길 바래요
하늘로 오르는
향기로운 달리아의 기도와 노래는
끝없이 이어져야 하니까요
조금은 가까이 조금은 저만치
진지한 모습으로
한여름을 견디는
그 아련한 마음이 영원하도록 말이에요

넓은 잎으로 넓은 세상으로
달리아는 은은히 퍼져갑니다
당신의 본향과
달리아의 생애를 건 큰 염원은
작은 나의 가슴에
시공을 초월하여 겹겹으로 움트고 있답니다

잠시 목말랐던 들꽃바람이 지날 무렵
순간순간 피어나는
달리아의 정령 앞에
감동의 눈시울이 젖었어요
한 가지 기억해 주실 것은
정원이나 뜰에 나를 가두지마세요
진정으로 행복한 꽃이 되기 위해
어느 곳엔가 고요히 서서
침묵 속에서도
그들을 위로하는 부드러운 눈길이고자
소원하니까요
누군가 말했습니다
어머니의 그리움을 꽃줄기에
소롯이 담아
목울대로 피어나는 꽃이라고 하였습니다
그렇습니다
그녀는 오늘도 어머니의 무덤가에
달리아 한 아름 꽃피웁니다
다알리아의 노래~!

해맞이

세모의 언저리에
한바탕 꿈처럼 지나간 세월이리라

어쩌면
봄을 염원하는 겨울의 처마 끝에
산란한 햇살들의 혼미한 순간과 잉태로
화살처럼 지나는 세월 앞에
한 해를 희망으로 맞을 일이다

새해엔
꽃씨가득 그대들에게
향기로운 잉태로 행복을 지으리라

분홍장미와 안개꽃

가슴마다 하늘을 담는 날에
아리따운 꽃 중에서 어느 꽃이
마음에 들까 선택하라시면
안개꽃 물안개 피워 겹겹이
미사포로 치장한 분홍장미 여인
연푸른 하늘은 신화로 드리우고
바람은 풀잎을 흔들어 속살거리며
연보랏빛 햇살에 그리움이 한 뼘씩 피면
달달한 초코 향 보조개 미소는
꽃 타래되어 분홍꽃잎 사이로 번져갑니다
당신에게 드리는 고백과 맹세
어둠을 건너 새날이 밝아도
때론, 사랑도 젖을 때가 있어
그 무게에 짓눌릴 때
하늘에게 바람에게 구름에게 꽃 단비와
온갖 새들과 풀꽃들에게 시야가 닿는 곳
속 깊은 바람은 향기를 전해줍니다
당신을 사랑합니다
옥빛하늘에 천사의 미소 같은

십자가

하늘을 바라보며
응시하노라면
은빛구름사이 빛으로 오시는
십자가의 모습이 보입니다

천국에 이르는 기도의 소리
하늘 문이 열릴 때마다
눈물로 부서지는 간절한 마음입니다
낮은 곳으로 임하셔서
참 평화와 참사랑을 입으시고
아기예수 구유에 나셨으나
우리 죄를 대속하여 십자가에 죽어 가신
샤론의 꽃 예수여!

눈물이 지천으로 흘러갑니다
보셨나요 보이나요
12월의 성탄절
시인은 하늘에 닿을 성시를 띄웁니다

주님을 향하여
간절히 응시하노라면
은빛구름사이 빛으로 오시는
십자가의 모습이 보입니다!

사랑의 보혈!
갈보리산의 그 선명한 은혜의 빛을
그 십자가의 사랑을 기억합니다!

눈물

 듣지도
보지도 못하였는데
눈이란 곳에서 꽃망울이 피어난다
수평선을 흘러서
지평선을 걸어서
갈매기 날개 닮은 눈물 꽃이여!
피와 눈물이 다르다고 하지 말라
오직,
심장이 흐느낄 때
눈동자에 글썽이며
영롱한 아침 이슬처럼 흐르는
내면의 진정한 흐느낌이여
마음을 씻어내는 청정의
아침 이슬 같은 것이리니

잊을 수 없는 것들

꽃비 나리는 길목을
걷던 향기로운 이여!
심장 안에서 눈을 감으면
단 한 송이 꽃망울 피우던
금방이라도 꽃으로 달려와
입맞춤하며 의미를 부여했던
꽃보다 더 꽃다운 이여!
살랑이는 바람에
아려오는 아픔마저 어여쁘던 이여!
바이올린 현의 음률이
귓불을 애무하면
별빛 밝혀 내 곁을 맴돌던 이여!
맑고 진실한 영혼에
사랑의 가치를 알게 하고
설령,
변절이라 하여도 사랑은 남아
꽃의 계절에 오리라는 믿음으로
꽃향기 날리는 노을 지는 언덕에서
배려와 진실의 매듭 엮어
사랑은 이것들로 인해 피어난 것임을
꽃이 피고 지는 성숙에 이르러 알게 되었음을

비목어

오므렸다 편 햇살들이
장미꽃잎이 되고
하얀 가슴에는
담을수록 꽃불처럼 환해집니다
여름의 의미가 없었다면
타들어가는 하늘도
땅으로 내딛는 빗물도
간혹 눈 속에 저미는 슬픔도
달이 되고 바람이 된다하여도
비목어의 전설처럼 될 수 있다면
영혼이라도 아깝지 않으리
물결에 정화되어 가는
또 다른 눈동자의 눈이 있기에
분분히 날리는 슬픔도
비목어의 전설 또 다른
얼굴이 없는 비목어의 승화
예각도 망각도 없이
두 눈이 하나로 봉인되어
치유되는 사랑이고 싶으리

갈대

가을이
첩첩 산중을 돌아
외씨버선 길 능선을 벗어나
물안개 제겨 밟고 백발이 되었습니다
병풍을 두른 듯 서로를 기대어
서걱이는 바람결 강직한 자태로
허공보다 깊은 침묵을 흔들어
당신 꼿꼿한 패기의 오라에
가던 길 멈추고 그대의 뜰에
한 줄기 노을빛으로 머물겠습니다

인내론 忍耐論

새파란 새벽으로 가는 바다
모래에 맷방석을 깔아
퍼즐을 맞추고는
항해를 나선다
제 몸을 태운 만개한 하얀 꽃
수평선에 선명한 단면을 잇고
유선을 그린
우주 밖으로 달아난
생의 조각들을 모으는 중이다
부라린 눈 승천하려던 용이
벌겋게 달아오른 카타르시스에
불새가 된 삼경의 심야
포승에 자유를 잃은 바람
바다 깊숙이 안치된
타이타닉의 전설을 부르고
들판으로 탈옥을 착취한다
참아야 한다
여며야 한다
치열해야 한다
오롯이
네 생각만을 고집해야 한다

모래시계에 대한 소고

사막에서 갓 나온
하얀 나비처럼
수채화 물감 번져나듯
실크 빛 햇살에 장구처럼 앉았다
무형의 존재로 너그러워져서
눈마저 여려지는 시계 세상
셰익스피어의 희극과 비극의
서글픔을 논하지 말아다오
자만심을 버려다오
부정의 힘조차 잠재우고
오직 긍정으로
한 모금씩 한 눈금씩
두려움에서 치유되기 위해
구속에서 자유하기 위해
시공의 여백 없이
세월 눈금 찍어가며
하염없이 쏟아내는 은빛 모래

여인의 향기

여인이라 불리우리
여인의 향이라 불리우리
한줄기에 세 줄기로 난 쪽진 머리
디프로마의 혼들은
이집트 동굴 속의 미라의 행렬처럼
그들의 혼을 불러내어
축제를 연다

비늘 금발에
푸르름이 선명한 깃털이여!
머리칼 곱게 빗은 여인이여!
웨이브 굽이치는 헤어의 미학

봄비

목마른 꽃송이마다
까치발로 창가를 서성이면
저 멀리 산자락 타고 오르는 물안개
산마루에 그림자를 내려놓고
보랏빛 봄비 한 모금
자박자박
화심 밟는 소리

연둣빛 햇살 창가에 턱을 괴면
골짜기마다 메지구름 겹겹이 아픔 딛고
산마루엔 그리움 봄비 되어
가슴의 응어리
봄날을 숨어 운다

내 마음에도 봄이 오고 꽃바람 불어
초록빛 새 살이 꽃으로 피면
말갛게 트인 봄날을
은빛 아지랑이로 솟아올라
은총 같은 비의 노래를 부르리라

비도 길을 내었습니다

마른 파도의 물결 적신
무지개 너머
유년의 추억을 데리고
비가 예까지 오나 봅니다
바람에 묶인 나무가
해마다 하늘에 열매를 걸어 두고
비만이 알 수 있는
또 하나의 빗길로
그림의 행성들이 오선지를
이탈하며 넘나들며
비도 길을 내었습니다
푸른 물고기 떼 돌처럼 굳어져
적멸에 들기 전 짙어지는 구름 떼
뜨겁게 타고 있는 화인의 흔적
지친 가부좌로 앉아
비경의 생을 마감하려는 듯
비도 길을 내었습니다

비는 직각과 사선
내 심장의 오목한 곳에서
녹아드는 시 한 구절
하늘 닫힌 문이 열려
살아 있는 것이 그토록 아렸는지
비는 악보를 삼키고 뱉는 오케스트라
연둣빛 화두로 빗길을 트는데
비도 길을 낼 수 있나 봅니다

낙엽 단상

햇살을 애무하던 푸른 잎사귀
열일곱 남짓한 풋가시내 같았는데
나부끼는 사시랑이 되어 서러우네
생명이 바람에 밀려가고
빈 마당 세상 속으로 낙하할 때
날연히 비상하는 갈 빛 작은 새들
천상의 영혼을 얹어놓고
우아한 현의 음률로 춤을 추려는가
목메인 가슴 비올라연주에
하늘을 흔드는 집시의 춤
다시 올 그대
뚝뚝 내딛는 흔적이여

나팔꽃

아침 이슬에 익숙한 손놀림
시멘트벽 터진 사이로 희망을 품고
어둠에 지쳐
오각형으로 빚어 낸 아침 해가 되었네

하늘을 밀고
실 한 줄 여미어서
높이 더 높이 줄기를 뻗으며
몸 기대고 껴안으며 부비던 사랑아

원 그린 하늘에
목젖을 돋우는 붉디 푸른 등불
들 몸에서 편전처럼 빠져 나간 침묵
날마다 닫히고 날마다 열리며
날마다 둥글게 말아 올려
송이송이 초롱불 옛 사립문에 걸고

또다시 꽃이 되어
하늘을 칭칭 말아 올리려는가
꽃 모양의 열쇠로
매일매일 하늘 문을 훤히 열 때까지
까만 기다림만 점, 점, 점

어머니

모진 풍파 견뎌낸 묵언의 동공하늘
휘어버린 초승달은 어머니 모습일까
접동새 울음 울어 먼 하늘을 배회하네

천태만상 모든 일 첩첩이 고이 접어
들녘 지난 봄바람이 수초 앉은 호수에
눈물이 가슴 할퀴는 바람이 되셨네

첫눈

늦가을 하얀 바람 불어왔는지
새벽 첫 눈이 내렸어요
누군가의
그리움이 컸던 까닭이었을까
밤사이 내려
산들에 솔 솔 앉았나 봐요

고즈넉한 산 풍경
오고 간 사람 흔적은 없고
무성한 별들이 지던 자리
밤하늘을 난무하던 하얀 백조 날개 짓에
눈방울들이 내렸어요

나무 가지에 이를 때마다
이름 모를 첫눈꽃이 피었나 봐요

녹아들지 않은 새벽
발자국 하나 남기지 않고
바라만 보는 흰 화선지 속의 그림
하늘 모퉁이
명이 다하여 지는 별들도
말하려는 듯 울먹이는 별들이
마지막 순간에는 독백을 하나 봐요

은빛 숫눈길
아무도 밟지 않은 새하얀 숲길

코스모스에게

어느 날
문득 내게 손 내민 건 너
꽃 분홍 날개옷 여덟 갈래
옴추린 꽃술 뾰로롱 물고
나비처럼 날아온 너

처음 내민 손이라
부끄러웠겠지
처음 웃어주는 미소라
겸연쩍었겠지

그래도 용기 내어
초록잎사귀 목메어 흔든 건
너의 작은 사랑 빛 표현

갈바람에 꼿꼿이 버티며
가냘픈 미소로 반기는 너

파랑새

향기 있는
꽃도 아니며
솔 향 그윽한 나무도 아니지만
당신을 바라보는
빛 고운 파랑새

새벽에
눈뜨는 당신에게로
기도하는
당신에게로 향한 날개를 펴네요

무심히 날아서
눈길 한 번 가져온 것이
그만 당신을 사랑하게 되었네요

하루가
시작되는 첫날에
당신의 마음 속
들여다보고 싶어서
매일매일 당신에게로 날아가네요

매일 매일
꽃을 물고 날아가네요

연꽃

여름날
이른 아침에
동이 트면
아련히 피는 연꽃들

홍련은
청초한 소녀처럼 여리게 꽃잎을 열고
백련은
영롱한 소년처럼 바람에
꽃등을 펴고

진흙 속에서
피어났어도 순결하며
호수 물결 위를 잔무늬 일게 하는

꽃말처럼
화려하고도 아름다운 춤사위
고아한 연꽃 꽃잎들

별

아침엔
사랑의 순간에서 눈뜨며
밤엔
사랑의 영원에서 눈을 감는다

아침에 동 터 올 때의 사랑은
침묵을 깨우는 사랑이고
밤에 별이 뜰 때의 사랑은
이미 내 가슴에 피인 너를
하늘가에 고요히 꺼내어 밤마다
하나씩
별을
만들어 내는 일이다

꽃 벌집

우리 집 앞 들판 너머
논두렁 지나가면 벌 키우는 곳이 있어
소문에 거기 벌들이 가끔씩
우리 마을 집으로 떼 지어 와서
살다가 사라지곤 하는데
내가 이름 지어 주기를
벌이 직접 지은 꽃집이라고
마치 아주 작은 꽃이
아래를 향해 핀 듯 한 모양이었어

우리 집 2층 계단
내려가는 구석진 칸에
꽃 벌집이 조그맣게 보였더랬어
귀여워서 놔두었더니 한 뒤 마리가
드나들고 있는 거야
알 수 없는 일이지만
벌 꽃집이 망가져 있었어

안타까운 마음에
멍하니 한동안 그 벌 꽃집을 응시했는데
벌들의 발길은 끊기고
날갯짓은 햇살의 모퉁이로 사라졌지만
그때의 가족 벌들은
아기 벌은 어디로 갔을까

풍선인형

부끄러워 숨고 싶은
나의 이름은 풍선인형이랍니다
침묵하고 있다고
말 한마디 없다고
외면하지는 않으시겠지요
침묵만으로도
난 늘 정이 흐르고
말 한마디 없으나 난 늘 웃고 있으며
살갑게 흔들리지만
제 몸은 공기를 지탱한
사랑으로 만들어져 있답니다

날 만져보세요
제 심장에 귀를 대어 보세요
마음의 맥박을 들어보세요
영원히 죽는 법을 알지 못하는
나의 이름은 풍선인형이랍니다

안개

안개는
눈짓으로만이 오는 소리입니다
손짓하지 않아도
가슴 깊은 곳에서
솟구쳐 나와 흘러내리는 아픔의 음률입니다

공기를 타고
내리는 안개는
어쩌면
산을 넘고
호수 위 연꽃잎을 밟고 온 작은 손님입니다

새벽
숲속의 안개는
노래로 흐르는
내 눈물로 만든 흔적입니다

아마릴리스 그녀의 기도문
제2부 『무無! 바람꽃의 곡선을 그리다』

조각상	11월의 아침
무無! 바람꽃의 곡선을 그리다	가을에게
수묵화	소나기
비오는 정원에 앉아	봄비와 수선화
가을동화	겨울 호수
혼을 깨우는 붓의 향기	이제야 알았어요
코스모스	꽃단풍의 노래
아마릴리스 그녀와 가을밤 지나는 길목에서	10월 속에 있는 그대에게
봄비 나리는 날의 명상	가을 바라기
미인도	철쭉꽃 편지
대숲에서	사월의 바다

조각상

은폐의 상징 안에서
갇혀있던 공간의 무에서 유
그 사실 하나로 세상 밖으로 나왔던
한때는 꽃
한 순간은 비구름으로
사계절에는 냉정의 고독과 열정의 노래로
하나 둘 초월하고 싶었을 때도 있었지
두꺼워진 너를 지켜보며
두려웠던 순간들을 압축해 낸 나는
영혼이 부재된 일들이었다

우리가 가진 것이 많았을 때
잃어버린 것도 더러 있었지만
기약 하나로 오롯이
펼쳐진 천국의 기도처럼
굳어버린 딱딱함에서 풀어내는 부드러움
그 부드러움에서 선을 일궈내며
세상 속으로 나온 조각상
탐낼 것 없는 세상의 품에서

유폐의 관을 열고
단하나의 나로 우뚝 선다는 것은
상기된 노을 향에
질긴 바람 스치는 꽃들 속에서
완전체로 우뚝 서려는 그런 날들이었다
참사람의 영혼을 지닌

석고의 날개 조각상
하고픈 말 잠시 잊고
묵묵히 침묵 속의 돌 꽃을 줍고 있다

무無! 바람꽃의 곡선을 그리다

천천히 덧칠되고
무언으로 표현되는 생각의
눈 커플 위로 동공이 그려진다

짧은
빛으로 뿌려놓은 무無
흔들며 때론 숨곤 하였는데
무심코 바라보던
뜨거운 별들마저 지천에서
표현되는 무언극이었다

햇살 화사한 정오
꽃물결 바람은
한 컷 두 컷 셔터를 누르며
순간의 마음 안에 앉았다

그리고
무無!
바람꽃의 곡선을 그리다

수묵화

머언 저곳
암벽의 하늘가에서
첫 별처럼 눈뜨고
첫눈처럼 낙하하는가

어둠을 견제한
빛의 창조가 있을 무렵
고요히
별 새 꽃
가지가지마다
전설의 나이테로 그려지는가

깃든 새들이
때론 부러워서
비단결 찬란함으로
여미 듯 녹여지고 영롱히 부서지리라

붓의 연주 수묵화

비오는 정원에 앉아

비오는 정원에 나는 있다네
몸짓 다른 비의 모습마다 포말의 해양은
바다 화폭으로 향하는 길을
비에게 되뇌여 묻곤 하면서
보고 또 보아주어도
비는 강렬히 땅의 주름진
미간을 풀어내기에 숨이 차오른단다

생각해보았니
비는 말했었지
무無의 느낌으로 만개한 비꽃들 되어
마지막으로 던지는 일은
생명의 꽃 몽우리를 틔우는 일이라고
비 한 자락, 아리따운 꽃 맵시
말할 것도 없다네

석양으로 만든
아침은 입술을 열고
젖은 마음을 갖기에 충분하였지만
난 흰 구름을 닮고 싶어서
이렇게 울곤 하였는데
사람들의 귓가에는 그저 비오는 소리일 뿐

새벽의 짧은 시간과 기인 시간까지
푸른 비는 가로등에 머물렀네
최후의 스케치인가
모여드는 비의 사연들과 전설의
고고하고 웅장한 그 소리
영혼을 풀어내는 비의 춤사위에
나는 스며있다네

비가 오는 정원의 그림 빛에 머물고 있네
화가의 노래 소리는 하얀 울림,
허물을 벗어버리는 비의 누드화
비는 빛보다 찬란하였네

영원함은 최후의 생존자
화폭에 드리워져 가슴마다 부어진
마술 같은 수직바람 그리고 비
하늘 저 끝에 매어 달린
낯선 듯 낯익은 듯
이름 없이 피고 지는 일이라면서
비는 이 순간도 눈물 짓더군
비는 끝내 내 앞에서
내 가슴에 안기듯 울어버렸네

비오는 정원에 나는 있다네

가을동화

마른 낙엽
가을 길로 잎잎이 쌓여 가면
가슴은 마냥 젖어만 가고
창가에 기대어 그대 생각 깊을 때
한낮의 햇살은 꽃을 그리고
만추의 나뭇잎들은
날아올라 별들로 빛나리니
울컥, 생각 끝에서
입안 그득 삼키지 못한 사유의 시상은
낙엽 날리 듯 포스스 시가 되리라
별빛 사이 시를 토해내면
가을 들판은 춤사위로
생명과 영혼의 노래가 되리
가을은 나의 눈빛 안에 들어와
눈물로 돋아나 희망으로 날리리니
그대 이름으로 피어난
오색숲길 풍요로운 섶엔
마른 심장에서 꽃물 들고야마는
눈가에 노을빛이 붉게 토해냅니다

혼을 깨우는 붓의 향기

시류의 혈색이
돋아나는 바람사이로
곧은 뿌리가 내려져
그리는 선마다 따듯한 생명이 됩니다
별과 꽃에 쌓여
하늘에서 내린 화필이며
옛것을 간직한 그 신묘함으로
뼈마디 한 자 한 올마다
위안이 되고
힐통과 뿌리로
아우르는 다섯 손가락입니다
혼자 생을 견딘
그의 기와 의리와 정의는
퍼포먼스의 열정으로 남아
혼을 깨우는 구조적 이치
고풍은 저며 든
아틀리에의 문턱을 넘어서고
붓과 벼루에 안식하는
사랑의 주문에 꿈들이 유영하고
은빛 겨울로 드리운 아틀리에
화안하게 빛나라
하얀 세상에서
붓의 향기로 답하는 이여!

코스모스

하늘에 꽃잎을 가두는
코스모스가 되어
가을빛으로
길을 낸 그 곳으로 고개를 튼다
안타까움이 되어
한 잎씩 떨어지는
만추의 코스모스 꽃 이파리들
한 잎 한 잎씩
너를 향해 날아오는 것을
난 늘
이 자리에서
가을이 올 때마다
코스모스가 되어버리는
나는 이 자리에서 각주로 박혀있다

유월이 지나는 길목에서

동공의 시어들이
낮엔 높은 하늘에 연줄을 띄우다가
밤엔 청자빛으로 온 몸이 파리하다
매혹적인 벌들이 배낭을 메고
꽃길을 오가는 한 나절의 물결은
색을 바꾸다가 노을이 채색되기도 전에
밤바다에서 흑조가 된다
아픈 기억 까맣게
해바라기 숲으로 들고
생각만으로 가둘 수 없있딘
갈망은 숙성되지 못하고
세월이 가고 시간이 흐를수록
연둣빛 시어들은 밤하늘의 끝없는 고독이다
생명마저 망부석이 된다 하여도
더욱 그리워지는 건
나의 간구가 너무나 절실한 까닭이다

맑은 영혼을 가진 사람은
내 속눈썹과 이마에 입맞춤하리라
모두가 잠들었을 때 유월은 간다

봄비 나리는 날의 명상

봄이 오면
눈부심에 가만히 눈감겠습니다
봄비가 나리면
보는 것보다
담는 것보다
느낌으로 교감하겠습니다
모란이며 진달래며 살구꽃이며 목련이며
봄꽃들을 되뇌일 때
내 가슴속 꽃인
그대 이름도 함께 부르겠습니다
새, 풀, 꽃, 산, 구름에 번져오는
생명의 속살이 돋는
와인향이 있는 봄날에
혼절하듯 피는 봄꽃들과
자연의 모든 것은 사랑의 노래입니다

봄 바다로 뚝, 뚝 눈물처럼
떨어지는 봄비 속을 걷겠습니다

미인도

하이얀 햇살 살포시
접혀진 꽃나무에
호금조 날아들고
문득 날갯짓하며 퍼득이더라
댕기머리 시절 애틋한 매화 피던 사랑
봉숭아 꽃술 같은 사랑이
가슴에 한 방울 떨어지면
거울 없는 세상에 미인이 내려와
죽어가는 이도 다시 눈을 뜨는
어여쁜 꽃 나래
진분홍 옷고름 피어오르는 숨결 위에
코스모스 나부끼는
들녘의 여인이더라

임을 위해 얹은머리
사대부들의 설익은 가슴들이
노을빛에 애타게 타들어만 가고
불꽃같은 가슴의 은장도
단 하나의 사랑 앞에 내어놓고
꽃이어도
꽃이 될 수 없음을
만리향으로 가슴 안에만 추스르네
임 향한 정절에
손톱 달 바라보며 하얗게 지새우네

대숲에서

영혼이 올곧은
바람의 언덕에서
세월의 흐름을 탄하지 않고
꼿꼿이 제 몸 세워
승부하지 않으며
높푸른 하늘 향해
우로만 바라보며 마음을 비운 채
강해서 곧아서
굳은 마디 편린의 흔적을
대숲에서 나는 깨달았다
공명으로 조율되어
달빛 우로 받아
지조와 절개의 숙명
오롯이 일념 하나만으로
뿌리를 박고 묵언수행 구도자여
가까이 할수록 영혼이 맑아져
대숲에 앉아 마음을 비워본다

11월의 아침

물안개 춤사위에
자욱하고 설익은 햇살이
아직 숲속에 숨어있지만
바람의 입김과
생각의 틈새에서
자유로운 영혼처럼
은빛을 발하며
달려올 것 같은
맑은 음성과 투명한 가을꽃
마음 한 편을
살짝 들키고야 마는
긴 밤 지샌 오디아이의 푸른 사랑
여울져 가슴 깊이 흘러라

가을에게

흰 살결 같은 바람하나
버들가지로 감아올리며
내게 오는 가을아
풀어 헤친 물빛강과
진홍빛 노을의 노래를 담고
목축이며 오는 가을아
보고픔에 겨워 눈을 감고
젖은 음성에 귀를 막아도
내 심장을 뛰게 하는 너는
오래전 내 사랑을 닮았구나
가을이 내게 온 것은
내 마음의 꽃들이 피어나는 일
그대 생각에 겨운 마음 안에서
금별 은별 돋아나서
폭풍우 뒤의 무지개처럼
마음 안이 곧 밝아오는 일
언젠가 우리에게
도달할 낙엽의 주검과
우리의 언약이
싸늘한 빛을 발하여도
피로써 맺은 언약은 영원하리라

하늘이 낯가림하고
단비 같은 새벽의 기도가
수채화 될 때
내게 오는 가을아, 가을아

소나기

하늘에 꽃 문이 열리면
곱사등 노인의 젖은 적삼 위로
조각구름 내려앉아 목을 축인다

속삭이는 말보다
가장 큰 소리로
다가가서 고백하는 날이다

너를 부르면
삶의 날줄에
나를 향해 맨발로 와 닿는
너는 내가 꿈꾸던 기다림

본연의 색채에
오색 무지개 타는 목소리
하얀 물새처럼 춤을 추듯
유리창 너머로
도란도란 꽃들의 함성
갈망을 적실 탱탱한 심장소리
하루가 해갈을 하고 허물을 벗는다

봄비와 수선화

내 마음에 빗방울 꽃이 피어요
자꾸자꾸 해맑은 웃음이 피어나요
봄비가 오면
가슴속에 내려요
샛노란 수선화 꽃비가 되어 날려요
오래 기억하기 위해
귀를 기울여요
하루 왼 종일 음악가의 영혼들이
쉴 새 없이 다녀가요
감각 속에 익혀둔 노래예요
파스텔톤 파아란 하늘의 노래예요
비가 와요
그리운 당신 생각만 하면
금세라도 내 마음에 꽃비가 내려요

겨울 호수

기억을 둥글게 모으고
바람을 적셔주던 겨울 호수가 좋아요
흰 꽃술이
마법처럼 떨어질 때
차오른 호수가
눈꽃으로 그려질 때 눈을 감으세요
눈뜨지 않았을 때
하얗게 나리는 눈의 감각
상쾌한 바람의 숨결을 헤아리며
동그란 우주를 몇 방울 삼킨
나의 두 눈동자가 뜨이기도 전에
영혼부터 피어난 걸 기억하나요
가꾼 시간들과
기쁨과 입은 옷이 꽃잎처럼
가벼워져 그래서 날 수 있었던
그리움이 바람에
스칠 때마다
찰랑찰랑 소리가 났던 겨울호수
수련이 잠들던 물빛 호수에
그리움도 저 호수에 쌓일까요

이제야 알았어요

가슴속에도
별이 뜬다는 것을
이제야 알았어요
가슴속에도 비가 온다는 것을
이제야 알았어요

우리의 가슴속
일기예보는
은빛곡선을 그리며
표현하는 당신의 사랑온도
가슴속에도 영혼의 햇살이
가슴 벽안을 채우며
피어난다는 것을 이제야 알았어요

가슴속에도
하얀 눈이 고고히
내린다는 것을 이제야 알았어요
언 발로 달려와
따듯한 피기 흐르는 내 가슴속에
꼭 꼭 숨어있는 당신을
나만 알아차릴 수 있다는 것을
이제야 알았어요

꽃단풍의 노래

시월이 가는
아쉬움에
살며시 눈물납니다

그대 향한
그리움들이
갈바람 되어 다가옵니다

삭혀들지 못하는
그리움들이
구름 꽃으로 하늘에
쉼 없이 쉼 없이 모여듭니다

그대를 사랑합니다
그대 생각을 잠시라도
잊지 못하겠습니다

매일 같이 호수에서
가을의 그리움을 담아갑니다

"나뭇잎에 단풍이 들어요"
그대에게
터질 듯한 말 한마디
붉은 꽃단풍의 노래를 바칩니다

10월 속에 있는 그대에게

마음의
울림이 은빛 메아리로 듣는 10월에
레몬처럼 상큼하며
아침의 새소리처럼 청아하고
누인 들녘처럼 평온한 아침을
그대, 10월에 담아 드릴게요

하늘 구름 포장지로
고이 입혔사오니
풀기가 어려우시면
그대의 미소 그 입김을
구름결에 부으소서

순간
지천으로 번져가는
아름다운 음률의 노래들을
초록 바람결에
두 눈을 감으소서

10월 속에 있는
그대를
10월 속에 남은 나의 마음이
그대임을 알기에

가을 바라기

봉숭아 꽃물 들던
여름이 가고 가을 안에는
바다 빛 하늘과
파도 닮은 포말구름
투명한 가을바람
아련함과 환희가 있고
숙연함과 진실이 있는 가을이지요

낮은 곳으로 이르던 바람이
아기 손 나뭇잎 간지름 태울 때
그만 꽃물이 들고 마는
사랑스런 가을 이지요

몇 백 년이고 서 있는
수려한 나무의
손 등은 정열의 고귀함이었어요
꽃가루 꽃물 든 나무
가식 없이 위선 없이
살가운 정겨움으로 다가오는 가을이에요

철쭉꽃 편지

별을 당겨 마음에 띄우고
하늘을 향해 지새우다 보면
생각은 운하로 번져 가는데
그리움 종이학처럼 접고 채워
호수만큼 깊게 출렁일 때면
노을을 질러온 메아리 가득
임이 부르면 강처럼 바다처럼
붉게 물들여질 이야기들
훌쩍 저버린 사랑 하나
여기
또 지워질 사각편지
왈칵 번져가는 잎들이 되어
철쭉꽃 향기로 부르노라
차마 아쉬움이 남아
잊힐 수 없기에 편지를 쓰노라

사월의 바다

낮별이
이마에 내리는
소란한 바다에 가면 알 수 있을까
어린 꽃
촉 촉
철새 길로 왔던 그 곳
계절을 눈감고도 찾아갈 그날엔 알 수 있을까
전하지 못한
갈매기 울음 파도에
뿌려 두고 말이야
사월의 바다는
봄 뜨락의
멧비둘기 소리처럼
비로소
내 메마른 입술로 알 수 있을까

김·마·리·아
아마릴리스 그녀의 기도문

아마릴리스 그녀의 기도문
제3부 『행복한 라르고(largo)의 선율』

조각상	그 해 여름 유년단상
행복한 라르고(largo)의 선율	피아노
가을 별시	하얀 나라 크리스마스
추석 한가위	가을의 웨딩마치
코로나의 봄	가을 편지
오페라	침묵의 섬, 그 별에게
살아있다는 것은 마음 안에 깃드는 일이다	발렌타인데이
오! 오월의 밤하늘이여!	당신의 마음을 흔들고
봄의 기도	겨울 애상愛想
공작새	능소화와 가시나무새의 사랑
물푸레나무 숲에서	요정이 된다면

조각상

은폐의 상징 안에서
갇혀있던 공간의 무에서 유
그 사실하나로 세상 밖으로 나왔던
한때는 꽃
한 순간은 비구름으로
사계절에는 냉정의 고독과 열정의 노래로
하나 둘 초월하고 싶었을 때도 있었지
두꺼워진 너를 지켜보며
두려웠던 순간들을 압축해 낸 나는
영혼이 부재된 일들이었다

우리가 가진 것이 많았을 때
잃어버린 것도 더러 있었지만
기약 하나로 오롯이
펼쳐진 천국의 기도처럼
굳어버린 딱딱함에서 풀어내는 부드러움
그 부드러움에서 선을 일궈내며
세상 속으로 나온 조각상
탐낼 것 없는 세상의 품에서

유폐의 관을 열고
단하나의 나로 우뚝 선다는 것은
상기된 노을 향에
질긴 바람 스치는 꽃들 속에서
완전체로 우뚝 서려는 그런 날들이었다

참사람의 영혼을 지닌
석고의 날개 조각상
하고픈 말 잠시 잊고
묵묵히 침묵속의 돌 꽃을 줍고 있다

행복한 라르고(largo)의 선율

 살아갈수록
이곳은 푸른 오드아이 같아요

색깔이 서로 다른 조화를 이뤄
각기 다른 색조로 발현되는
당신은 지레 짐작하지는 말아주세요
그 내면에는 간절한 기도가 있고
그 세상 안에는 푸른 섬이 있어요
내 마음이 그곳으로 이탈하기까지는
세월의 강을 따라 흘러 왔어요

촛루로 만든 향초는
심장의 엑기스로 밤을 비추었고
생소한 거에는 나지막이
정직한 열쇠의 꽃 문을 열어두었어요
정말 행복할거에요

빠르기에 집착되지 않고
느린 것에는 외면하지 않으며
일시적 아름다움에 현혹되지 않을 거에요
약속은 현실을 초월하고 승화시키는
바위의 모습이니까요

당신을 향한 오롯함에
순간은 찰나를 앞지릅니다

등 아래로 길게 펼쳐진
긴 머리칼에 별빛의 윤기를 두르고
눈빛은
당신의 혈관만을 위해서 말이에요

수로 건너편
작은 마을이 시작될 무렵부터
한 생애가 걸린다 하여도
꿈을 드리우고 사는
가시장미의 아름다움을
토라의 가치를
시편의 예찬처럼
깃들며 피어나 돌돌 말리는
장미꽃의 고고한 의지와
이성과 인격을
더하여 내포된 순수의 라르고~!

지금,
단비가 나립니다
오~!
행복이여~! 라르고~!
정직한 마음의 꽃무을 영원토록 열어두세요
정말정말
제 말은 진심이에요~!

가을 별시

모든 감각은
가을의 가슴별
원 빛 낮 하늘에 고여듭니다

예쁜 눈의 그 아이
하프와
시린 가을을 기억합니다

무언의 여백과
생각들은
이 무한대의 세상 안에서는
그저 여운뿐이었으나
그래도 꿈길은 맞닿아 있었습니다

깊어지는 그 향기
쉼표는 낙엽 집을 짓고서
울음을 터트리고 맙니다

접은 듯 닮은 듯
안타까운 듯
더욱 언저리에서
깊은 소리를 들어야만 합니다

가을의 노래
가슴의 소리
가을의 별시

한가위

낮은 운무로
밤하늘 저 높은 곳까지
가을 보름달은
농익은 밤길을 밝히네

낯선 바람 무수히 불어와도
오랜 위안이 되어
마음의 문으로 들어왔구나

가슴에
시詩로 채우는 거짓 없는 맑은 영혼
따듯한 손

순박한 벗이여!
만월이여!

코로나의 봄

봄은
지천에 꽃 몽우리 터트리며
바람으로 지은
초록궁전 앞에 다달았습니다

봄은
그리 더디게 오지는 않았습니다
극구광음의 순간의 빛 사이로
우리네 가슴에
뭉클함으로 왔습니다

봄은
여인의 치마폭에서
태고의 아침을 열고
초록의 잉태가 시작되었습니다

씨앗들이
심장의 뿌리를 내리느라 분주합니다
한시도 나는 그 곁을 떠나지 못합니다

포근한 봄 날 품 안에서
기도의 빈방은 차갑습니다
농익은 촛불의 노래를 부르면
코로나의 교만함이 녹아내리고
먼 유성으로 소멸될 것입니다

봄이
기쁨만이 될 수는 없는 지금
슬픔 또한 아니라는 것을
여리게 피어나는 꽃들에게 전하렵니다

붉은 멍울을 견디며
봄으로 피어나는 이 예쁜 아이들
동글동글 눈물 지우지만
꽃을 피우는 일을 멈추지 않습니다

난,
그저
살포시 눈을 감습니다

오페라

궤도를 벗어나 고행에 길들여진
천리향 내음이 공기에 뿌리내리면
빛깔은 안팎 속삭임 되어
주홍빛 걸음은 눈이 부셔 좋다
기다림과 그리움의 백발 되어
바람에도 놀라서 등을 돌리면
가시연꽃은 물결에 출렁대고 있다
하늘을 보아라!
알 수 없는 언어로
목 놓아 울어대는 절박함을
정수리에 빛을 내리고
가리마에 꽃을 얹은
하얀 무대는 기도문으로 열려
심장과 폐부에 스며드는 세상의 언어들
심연에 젖어드는 초월의 노래
그 기억, 그 영혼,
입술 속에서 별이 부서진다

명상의 수레바퀴
먼 곳에서 내려 본 별자리에 서서
오월의 하늘은 뼛가루를 뿌렸다

푸른 오페라의 절규를

살아있다는 것은
마음 안에 깃드는 일이다

붉은 해꽃 여름꽃 한창이다
아직 이곳에 오지 않았던 세상
빛과 푸른 숲을 흔들던 바람
하늘의 구름성 안을 높이 바라본다
태양이 머문 운하의 여름을 데려와
봄과 작별했던 그 이별을 생각한다
어느 날 귀를 열어 두었던
'칸'이라는 반려견은
겨울은 강하고 여름엔 약했는지
산책하는 날, 세상을 반납했다
하늘에 낮달은 나무 가지 사이로
잉태를 반복하고 행방불명 되어버린 시간
결 고운 대나무 숲에 새들이 들고
영혼의 날개를 적시고 줍는다
꿈꿀 수 있는 심장의 온도들이
상처를 어루만지는 것은
위로의 모순적 사랑이리라

살아있다는 것은 사랑할 수 있어
마음과 마음에 깃드는 일임을
살아있었음에 행복했었음을

오! 오월의 밤하늘이여!

바다로 녹아든다는 사실을 아시나요
오월의 밤이면 하늘에 연별들이
진청 주단 빛 밤 하늘가
꽃별 의복을 매무새한 채
어둠의 간이역을 지나 빛의 속도로
하루에 하나씩 때론 수 없이
자유를 갈망하며 망망대해로
뚝, 뚝 물빛으로 써내려간 아픔은
오선지 위 음표들이 밤마다 악상을
몸으로 온몸으로 바다로 점멸된다는
눈물어린 충격의 사실을
하나의 흔적이 사라져 빛의 영혼이
파고에 너울져 우리의 가슴에 사무쳐
전설 같은 현실이 모래톱에 쌓여 있음을
알 수 없는 슬픔이 오월의 밤하늘 아래
복받쳐 오르는 슬픔으로 때론 기쁨으로
당신은 나를 안고 그 사실을 알기위해
끝없이 빛나는 미지의 바닷가에서
밤이면 연줄을 푼 별들을 추모라도 하듯
시공에 녹아들어 아름다운 전설이거나
슬픔을 나누려는 무언의 언약으로
오월의 밤하늘은
나의 기다림
내 인생의 행복이다

봄의 기도

마음 밖으로 나온 봄
곡선을 그리는 숲과 길 우에
따스한 바람 잦은 한낮의 봄꽃나무들
해와 별은 하루를 열고 닫으며
나를 위해서만 살아달라고
섭리 안에서 새살 돋우며
이제 행복해지는 일만 남았다고
봄은 아이처럼 두 손 모아 잡나이다
꽃씨가 움트는 것은
지키는 일과 쌓아가는 일
봄 꽃 향 내음에
눈이 멀고 귀가 멀어
은결 든 물빛에 몸 담그고
떨림인 양 일렁이는
나의 눈동자 걸어 두게 하소서
종이배 저어가는 초록강가에
사랑하나 띄울 수 있다면
하얀 학이 되어 영원히 날게 하소서
나의 단꿈,
봄의 기도는
햇살 가득 행복이게 하소서

공작새

화려한 날개를 두르고
언덕과 수풀에 일렁거렸을
오랜 마음을 지피듯
가만히 견디어 보면
늘 창가에 화들짝 피어나는
아른거림
해풍을 몰아온 지난날
정수리엔 꽃술모양 오색 불꽃
음률을 다듬은 악보들과
평행선 타기를 하는 음표와
외줄타기에 정성을 들여야
하는 것을 일깨워준 수려함
희망 속에서
잔뜩 움츠러드는 상념들
빛으로 비추이던 동그라미
물소리만큼 가벼워진
청록 빛 몸짓
날순 없어도
오묘한 매력의 신비로움으로
사랑의 꿈을 이루는
오색 부채 펼친 공작이여!

물푸레나무 숲에서

선물로 받아 안은 하늘
길섶 잎사귀 누인 시냇가
둥지를 튼 물푸레나무
수면에 머리칼을 감아올린다
한 움큼 찰나 아미를 기울이며
툭, 밀어 내린다
누가 이리도
이 곳에 이방인의 별들을
버려두었는가

자줏빛 얼룩 비껴간 꽃 언저리
희미한 가녀림으로
여름향내를 맡고 있을까
이 곳에 내가
네가 이곳에
반딧불 꽃피고 지던 자리
이랑사이를 고이 밟고
사랑하나 움켜 쥔
우주에서 온 너의
안부를 묻고서 하염없이 서 있다

그 해 여름 유년단상

미리내 별꽃 같은
유년의 추억들
비눗물 속에 담갔다 꺼냈더니
방울들이 화산처럼
무지개 동산을 이루고
기다림과 그리움으로
입술이 부르튼 노을 진 갈대밭
여름날의 논두렁길에는
풀꽃 카펫을 깔아두었다

앞마당에 앞다툼 속
깻잎을 한소쿠리 땄더니
가득 담긴 것은 그리움
그리움은 기도의 원석
삶을 추억한다는 것은
감동이 녹아든 기도라는 보석으로
갈고 다듬어져 가는 일
산방의 고요와
여름날의 풀벌레소리와
참빗 돋은 하늘에 꽃구름 피어나고

외할머니 댁에 가던 날

옥빛 리본원피스 때 묻을까
살며시 움츠려 평상에 앉아
할머니가 주신
내 얼굴보다도 큰 잘 익은 사과를
한입에 베어 먹었던 기억
하늘에 별들이 높고도 깊어
그 신비함에 호기심 가득
평상에 나란히 누워
어머니께서 들려주신
별 신화 이야기는
영혼이 맑아져 평화로웠다

어린 눈망울에 맴을 돌 듯
새빨간 고추잠자리가
구름문을 열고 나오던 여름 날
지천엔 그리움의 꽃잎 눈물
미소 가득 지어 보는 건
여름 단상의 추억들이
단숨에 달려왔기 때문이리라
아스라한 추억 너머
유년을 적시는 보슬비가 내리고 있다

피아노

하얀 별들이 반짝거린다
표면에 부딪히는
별 모서리마다
빛 고운 광채가 난다
묵향 피우는
강마루엔 이슬 떨구는 풀잎 소리
빗소리 바람소리 새소리
영혼의 소리
널브러진 철로위엔 가위손
왕래를 허락하는 긴쭉한 몸짓
레몬처럼 상큼한 여문아침
단조마다
울컥 유년의 그리움으로
여린 스타카토로
심장의 숨소리마저
정갈한 울림을 조율한다

하얀 나라 크리스마스

머나먼 나라에
편지를 띄웁니다
그 편지를 닿게 할 작은 길을
가슴에다 내었습니다
마음이 기쁨으로
채워질 때만 길을 낸다고 합니다
그 길엔
하얀 눈이 내리고 있답니다
머나먼 나라에
편지가 닿기 위해 오늘도
기쁨으로 차곡차곡 채워갑니다
따듯한 길을 내기 위해
사랑으로 온기를 담아 데워갑니다
하얀 크리스마스
캐롤의 편지가 닿을 때까지
눈길을 걸으며 기도합니다

가을의 웨딩마치

볼우물 가득 웃음이 나요
꽃도 아닌데
꽃들의 미소를 닮으려 해요
거울하늘에
얼굴을 비춰보아요
한 폭씩 번져나는 햇살 때문에
낯가림을 하는 동안
꽃구름 하나씩
눈 속으로 스며들어요
빨강 면사포를 쓴 맨드라미
연지곤지 찍은 코스모스
촛농에 익어가는 가을 밤
가을과 꽃 결혼식을 서둘러요
물감 붓 스친 잎새 편지지에
내 마음을 정갈하게 담아
언덕에서 산 아래로
하얀 면사포자락이
바람에 하늘거리네요
가을과의 결혼식은
황홀하고 눈부신 축제입니다

가을 편지

꽃 같은 여인이 되어
정갈한 여인이 되어
그대에게 가고 싶습니다
세상에
그 어떤 언어보다도
보랏빛 여울지는 한마디
그대에게
전해야 하기에 바람은 어느 새
꽃길을 터줍니다
그대 앞에선
언제나 철없는 소녀
그대 앞에선
언제나 실수투성이
그대 앞에서
언제나 꽃 한 송이
내게 있어 그대는
기쁨과 슬픔이며 간절함입니다
가을이 깊어가는 날
여느 때와
다름없이 내 가슴속 그대에게
그리움의 편지를 씁니다

침묵의 섬, 그 별에게

별의 영혼을 본적이 있는가
밤마다 눈 커플이 침묵의 섬에 닿으면
한평생을
밀랍인형으로만 살아왔던
달궈낸 그들의 애잔함을
들어본 적이 있는가
닿지 못 할 거라는 밤의 허공에
그 별 언저리에 옷깃이 닿으면
밤마다 깊이 한 치씩 뿌리내리는
별의 마음을 뜨거운 심장의
촛불로 밝혀본 적이 있는가
그 별의 영혼을 본적이 있는가

발렌타인데이

들리니?
내 심장이 뛰는 소리

난 네게
달콤한 초콜릿보다
영원한 걸 주고 싶어

그래서 이렇게
내 심장이 뛰는 거야
받아줄래?
텔레파시 초콜릿이야

당신의 마음을 흔들고

네모난 창가
삼각으로 쓸어내려진
연 카키색 커튼을 젖히면
천장에는 샤갈의 꽃다발이
꽃비로 흩날리는 데
웅장한 무대에 펼쳐진 오페라
음률의 부재는 긴 창가를 흔들고
난 당신의 마음을 흔들고
천장너머 벽화가 넘나드는
소유와 존재의 공존으로
칸트와 타고르의 영혼이 걸어 나온다
푸른 눈빛으로
난 당신의 마음을 흔들고
넋을 잃은 나는 당신에게
꼭 다문 입술의 진실을 이야기할까
네모난 창가
영혼의 도시를 지나서
난,
당신의 마음을 흔들고

겨울 애상愛想

하얀 빛깔 고운 아침
달과 별이 진 뜨락에는 요
당신 보고파 하는
마음이 깊어 가슴의 노래
스타카토로 울려난다 네요

햇살 수북이
찾아온 나의 뜨락에는 요
푸른 노래 한 구절
도드라지면 바다 빛 하늘구름 고백하듯
그림자가 되어본다 네요

사모하는
마음이 깊어갈수록
희디 흰 바람 아득히 구르고
눈 맑은 꽃 돋아나는
꽃술의 기도가 되었어요

시를 빚은 기도가 되었어요
겨울 백조가 노니는
호수 건너편 밤이면
천사들이 두 손 모으는
겨울 애상의 기도예요

능소화와 가시나무새의 사랑

나도 처음엔
여느 꽃들처럼 바람에
하늘거리는 평범한 꽃이었어요
어느 날엔가 날 수 없는
가시나무새의 전설의 꿈을 꾸었지요

나의 연초록 줄기는
깊어진 그리움으로 자랐어요
줄기는 하늘로 하늘로 치솟았지요

안개 낀 깊은 달밤에
날카로운 가시에 찔려 죽어가면서
일생에 단 한 번의 아름다운
노래를 부르는 가시나무새를 보았지요

담장 너머 하늘 향하여 난 보았지요

순식간 별이 참빛을
뿜어대는 가시나무새의 모습에
귀가 멀고 몸이 굳어버린
나의 말라버린 줄기는
꽃의 마음이 붉게 멍들어
뚝, 뚝뚝
눈 감지 못한 꽃잎의
분홍빛 유서가 아침 햇살에 그득해요

요정이 된다면

내가 요정이 된다면

별 풀어 놓은 잔디밭에
양떼처럼 이어지는 오로라
잠자리 날개 자랑하며
은빛 물 뿌려
행복을 수놓아 줄 텐데

내가 구름이 될 수 있다면
메지구름은 되지 않고
상냥하게 웃는 하트구름이 되어
가끔씩 꽃비도 내려주고
무지개의 환상으로
첫눈도 오게 해 줄 텐데
그러면
사람들이
춤을 추며 좋아할까

아니야
사람들에게
뜨거운 정을 담아 주는 게 중요해

누구나
가슴속에는
외로움 녹여낼 요정의 노래 소리가
화려한 초록빛 계절의 연속이기를

아마릴리스 그녀의 기도문
제4부 『하얀 꽃잎에 새긴 사랑』

꽃의 기도	가을 사랑
하얀 꽃잎에 새긴 사랑	국화꽃으로 쓰는 편지
가을로 그린 초상화	선인장
오월의 편지	젖어있는 노란 리본
사랑의 느낌표	눈 내리는 날
목단에 대한 소고小考	성탄전야
초승달	분홍장미
능수오디	소꿉친구
광안리바다	난 꽃에 대한 음유
티아라	로미오와 줄리엣
웨딩드레스	장미향 같은 사랑
기다림	사월의 봄
수국	겨울이 오는 들녘에서
초콜릿	

꽃의 기도

청보라 빛
꽃 타래를 풀어서 만든
나의 여린 꽃 기도가 피어나게 하소서
밤이면 꺼질 줄 모르는
내 마음조차
선홍별이 되는 기도가 되어
가시별꽃으로 피어나게 하소서
찔려도 아프지 않을
기쁨과 슬픔과 행복이 녹아든
눈부실 대로 눈부신 밤하늘 가에
왔다가 되돌아가는 길에도
성숙한 기쁨이 되어
꽃으로 꽃으로
상처가 되지 않도록 어루만지듯
피어나게 하소서

하얀 꽃잎에 새긴 사랑

곱디고운
하얀 꽃잎에 사랑을 새겨보세요
그리움이 깊어져 간다고
기다림이 짙어져 간다고
가슴속에 멍울이 져 가면 안 되니까요
그리움이 깊어 가면
하얀 꽃잎을 열어보고 속삭이세요
기다림이 짙어 가면
꽃술의 향기 가득 숨쉬어보세요
이별이라는 어둠이
시들어가는 꽃잎으로 느껴져 오면
꽃잎위에 가만히 보슬비를 얹어주세요
그 보슬비가
기다림도 사랑이라는
소박한 기도가 되어
순결과 고결의 하얀 사랑으로
그 빛깔 바래지 않을 테니까요
이것이 하얀 꽃잎에 새긴
백합꽃 사랑입니다

가을로 그린 초상화

 두 볼에 흐르는
가을빛은 서럽도록 빛났습니다

못내 굽은 소나무 우듬지에
학들이 채 날아가기도 전에
겨울까지 견디시기 힘드셨을까
까마득한 어느 해 가을
이 세상에 아버지 머무시다가
올해를 채우시지 못하고
가실 때에도 그 계절 가을이라
꽃잎가을이 빚어낸 하늘 길로
연파란 옷고름 여미시고
두 손 홀연히 놓은 채
수의 차갑게 걸치시고
씁쓸한 가을 속으로 떠나가셨네

6.25 참전 용사
국가유공자의 허탈한 기쁨안고
울어도 울음이 없는
삶의 뒤안길을 걸어 나오셨습니다

발목까지 노출되어 버린 주검
가을 한철 단풍들이 마르고
낙엽들의 영혼은 슬픈 눈으로
속절없이 무성한 길 우에 쌓였습니다

그렇게 그렇게
하늘 향해 가을빛 속으로
발자국 옮기시는 아버지의 뒷모습을
멈춘 시간에서 노을빛이 붉고 뜨겁습니다

오월의 편지

 오월의 첫 장을 열어봅니다

오월이 숲을 산책합니다
꽃대들이 길을 만듭니다
부대끼지 않고
승화시킨 오월로 걸어가는
꽃들의 향기로 만들어진 길입니다

샘물의 투명함안에서
구속받으며 살아가는 것이
참으로 기쁨이라 여겨집니다
세상에 우연은 없다하시며
오직 필연만이 있을 뿐이라는
당신의 말씀이 귓전을 맴돕니다

이렇게
천사의 계절에 머물 때에는
입가에선 자꾸만 기쁨이 번져납니다
그 빛이 그곳에서만
머물지 않기 때문입니다

무無와 유有 사이
석류 빛 붉게 타는 사랑의 빛깔은
오월을 초록으로 채색합니다
선홍빛 눈가에 노을이 지고 있습니다

사랑의 느낌표

   세상에 연결된 모든 것에

소리와 모습 모양과 언어들
형형색색 피조물
하늘에도 땅에도
사랑이란 언어에도
기다림이란 말에도
지나가는 차의 연기와
산의 메아리에도 느낌표가 있네
우리의 마음속에 느낌표는 뭘까

애절하게 흐느끼는 촛농 같이
어둠을 밝혀 누군가를 기다리는
절절한 그리움의 순간들
나의 솔직함과 나의 순수함과
사랑하나의 색채만으로
당신도 나를 사랑하고 있다는 것을

목단에 대한 소고小考

고아한 지선상의 선율을 따라
노을빛에 붉은 입술로 고백하던 날
봄 햇살 감미롭게 꽃잎에 저미면
고혹한 민낯으로 한낮이 살갑다

기억하는 모든 것 하늘을 우러러
찬연한 기품이 맵시 있는데
선홍빛 꽃술마다 단아한 눈빛으로
분홍젖가슴 수줍어 바람에 의지한 채
초경初經을 치루는 봄날 꽃잎을 글썽이며
봄의 행간마다 은은한 향 내음
화사한 춤사위 요염한 뒤태
연둣빛 받침 위로 봄날은 애태운다

초승달

시린 별들의
공터가 있습니다
겨울 난초꽃
나즈막이 잎사귀 떨구고
바람은
별들을 고요히 줍습니다
밤은 블랙홀이 되어
짙은 곡선의 흐느낌으로
은하수의
파란 정맥으로 채워져
그리움에 겨워
손톱 달로 떠서
눈썹 위에 앉았습니다

능수오디

흙에서 살다가
달 위에 꽃을 피우던 능수오디
습관처럼 오르다
여자의 정수리에
하나씩 빚어나던 푸른 귀들
초록 하양 맞닿은 지평선엔
일터로 온 목공들의 곡선 작업실
침묵하곤 수근대는 그 나날들
곡선을 꿈꾸는 우주
곡선의 혈관이 피부를 이탈하고
하모니카의 음률을 곡선으로 빨아들인다
하늘엔 불꽃 잔치 곡선의 화개장터
여자의 가슴 안에서 별이 떨어진다
켜켜이 묻어나는 꽃잎들
시들지 말아라
곡선의 손바닥위로
미끄러워 달음박질치며 오늘도 오른다
여자의 나무

광안리 바다

모래알의 기억들이
성을 쌓아 뚫린 길을 내는
광안리는 불야성의 바다
오색다리에 걸쳐진 조명 불빛이
한순간 별빛으로 바뀔 때
오아시스의 여백을 그리다가
이젤처럼 잠들었다 돌아오곤 한다
어릴 적 꿈을 자맥질하던 광안리 바다
바다도 때론 굳게 닫혔던
구름의 눈동자위로
모딜리아니처럼
허공을 향하여 길게 목을 빼곤 했었다

천개의 사랑과 이별도 초월한다
너무 많은 말들을 쏟아놓기엔
부끄러워 가끔 뒷걸음질도 치곤 한다
하늘 한가운데서
불씨를 끄집어내어 완성한 바다의 기폭
꼭 다물었다가
말문이 트이면 걷잡을 수 없다

로렐라이 언덕의 요정의 전설도 토해내고
에드가 알랜포우의 에나벨리도 빚어내며
그 불빛에 하나씩 뛰어드는 불나방들도

한 때는 슬픈 추억이 서린
광안리 바다를 외면하며
산채로 밀려왔다 쓸려가는 주검들이 싫었다
그만 차가운 얼음처럼
수장되어 버리는 바다의 영혼들
단테의 신곡을 부인하며
천국과 지옥의 형벌
그 모든 것을 두려워하지
않을 거라고 다짐도 했었다
반복되어 수없이 달구어져
귓가에 새겨지는 어머니의 목소리

광안리 바다는
어머니의 바다
나의 바다
우리 모두의 바다
긴 한숨 속에서도
꿈틀거릴 채비를 서두른다
가장 빛나는 하얀 포말의 순간을 위하여
사랑이여 희망이여 불꽃이여
열정이여 소망이여
어린 날의 초심이 애메랄드 빛으로
짭조름한 내음 가슴 깊이 출렁인다

티아라

낯선 곳에서도
늘 그곳만 바라봅니다
나의 잣대에만 투영되어
외줄타기를 합니다
이미 파랑새는
새장에 갇혀 있지 않고
세차게 옥빛 하늘 위를
사선으로 나지막이 날아오르고
날아가기를 천근 무거워서
만근 짓눌려 아파오던 순간들도
파랑새가 묻힌 하늘
영혼마저 뼈 묻힌 그 곳에 두면
깃털처럼 가벼워집니다
머리에 쓰고
그 불길을 만져봅니다
오롯이
겉과 속이 한결같은
위선으로 박피되지 않은
물빛 머리에 두른
사랑의 불길 티아라입니다

웨딩드레스

함께 있을 때
사랑의 세레나데는
하늘 향해 비상합니다
별 가지마다
백합화로 수를 놓아
환한 빈 몸의 촛대가 되었습니다
빛과 노래와 꿈을 꾼 달빛
의초로운 보라빛 꽃살문에
새겨지는 기도문입니다
고아한 매무새는
하이얀 실루엣 실바람에 나부끼며
한 생의 사랑을 언약합니다
함께 함으로
웨딩의 첫 걸음은
영원의 증표로 울려납니다

기다림

꽃 입술 모으고
하얀 잎사귀 지던
그날 밤엔 덤불을 헤치고
하늘가에 별들이 불어오리
찬바람 싸늘한 별들이
바람 노를 저어 쪽배를 타고
세월을 길어서
지그시 무리지어 잠기리
침묵이 길수록
향기로워지고
간직해둔 언어마저
물망초로 피어나는 별

수국

언제부터인가
동그란 천국에서 살았네
붉고도 파아랗게
옷매무새 적시며 떠오른 달
노을빛 바닷물 금은 보랏빛
살포시 단아한 미소로 피어
아무도 눈여겨보지 않는
얼레빗 걸린 하늘로
보송한 낯빛 탐스럽게
솔바람에 윙크하듯
오롯이 진심에 젖은 조숙한 여인처럼
밝고 맑은 순한 눈빛의
가녀린 여심을 닮고 말았네

초콜릿

사랑으로 달구고
애교를 버무린 달콤한 정성
잘 받았어요

나의 초콜릿

동글동글 하트모양
세모와 네모 예쁜 초콜릿
기억해 두려구요

사랑의 초콜릿

가을 사랑

그 여름날
반딧불 하나 둘
꽃떨기로 날던 숲속
이제는 유혈의 드로잉이 되어
아리도록 빛 고운 가을이 흐른다
동여맨 가을하늘
청 빛 속눈썹들이
뒤뜰 대나무처럼 꼿꼿이 세워진
그 성벽을 허물고
낙엽이 창백해져 갈 때
고추잠자리 떼 질서 있게
여물어 오른 가을을 날고 있다
꽃잎이 훌쩍 날아 낙엽들을 깨우면
삶의 마디마디들 강물 따라
거슬러 오르던 연어처럼
아픔 딛고 단풍 옷으로 매무새 한다

선홍빛 마법의 사랑에 걸려버리는
몸서리치도록 환장할 가을입니다

국화꽃으로 쓰는 편지

당신을 사랑합니다
이 한마디 가을에 전하고 싶어
한 송이 국화꽃으로 피어납니다
평화로운 이 한마디
생각만 깊고 말 할 수 없는
불꽃의 정령으로 타오릅니다
오래전 지상에서
가장 고요한 곳에 갈바람불어
꽃대만 멀쑥한 생명 없던 종이꽃
그대를 닮아가는 꽃이 되고파
고결하여 가슴시린 꽃이 되고파
한 송이 국화꽃으로 피어납니다
보세요
꽃말에 새겨 띄워 보냅니다
마음의 고향 같은 그대
당신을 당신을 사랑합니다

선인장

불타는 언약이 깊을수록
사막 한가운데는 바람이 인다

백지장처럼 뉘인 모래톱에서
모진 바람이 일수록
물 한 방울의 은총이 없는
눈물 마른 가시들이 돋는다

태고부터 팽팽한 긴장감 돌아
마음을 접고 펴는 사막에서
하늘 위로 피워 올리는 강인한 사브라

미풍의 안락함을 땅 끝에 묻고
아이러니한 삶에 생멸을 거듭하여도
기억하리라 내가 너를
꽃 중의 꽃으로 피어남을

젖어있는 노란 리본

가슴속
마음이란 샘물이 흐르고 있습니다
아련히
하염없이 흐르는 건
눈물이 아닙니다

그 아이들의 꿈들이
내 마음의 샘물로 전이되어와
자꾸 자꾸 보채기 때문입니다

한아이 한 아이들에게
작은 키스의 입맞춤을
손등에다 해주고
하얀 먼 하늘을 바라보며
작별을 고합니다
그러나
영원한 작별이 아니기에
여린 미소 허공에다 뿌리웁니다

눈 내리는 날

그리움이
등잔불을 켜는 날이면
천상에 눈이 나린다
빈손의 그리움이
하늘에 닿아 하얀 엽서가 되고
몇 장의 엽서들이
채곡채곡 눈 무덤으로 쌓여간다
키만 높아가고
움푹 들어가 뼈만 남은
나의 눈동자는 커져만 가고
길고 길었던 시간동안
그리움의 낡은 반쪽심장은
눈빛바랜 가로수 터널 속을 배외한다
순백의 눈 내린 사막엔
낙타의 혈이 다 빠져나가도
얼지도 식지도 않을
눈 닮은 새하얀 사랑하나
반쪽 심장으로 숨 쉬고 있음을

성탄전야

빨간 종소리
울려 퍼지는 크리스마스엔
십자가의 사랑이 함박눈 되어
천사들의 츄리들과
육각형의 눈꽃과 초록환희
꽃들의 잔치와 하트송이
고추잠자리처럼 맴을 돕니다

하늘은 푸른빛으로 반사되고
구름궁전 지나는 바람 길에는
산타와 썰매 끄는 빨간 코의 루돌프
어린예수 말구유에서
낮은 모습으로 오신 사랑에
눈물이 솟구쳐도 메리크리스마스
만유의 구주여
예수의 탄생이여
라팜팜파
나팔소리 높이 라파파팜파
눈 오는
하얀 겨울의 메리크리스마스

분홍장미

당신가슴의 심장이 그리 붉습니까
촛불 같은 장미꽃잎들이
당신의 마음을 말해줍니다
연꽃잎을 닮은 듯 분홍장미
난 작은 엄지공주가 되어
분홍 꽃잎 속에서 살고프답니다
진초록 잎사귀
미끄럼틀에 하루 온종일
오르고 내리며
낮엔 꽃잎이 열리고
밤엔 꽃잎이 닫혀도
늘 한결 같은 당신의 속삭임에

사랑해 사랑해라고

소꿉친구

젖살 보송한
소꿉친구였던 널 난 지금도 기억해
말없고 수줍음 타는 남자아이
여섯 살 적의 널 기억해
우물 속을 들여다보며
하늘이 다 보인다고 내가 마구 웃어대면
동구 밖에 서있던 네가 내게 달려와
호기심 가득 얼굴에 내비치곤 하였지

내가 두레박에다
수정같이 맑은 물 먹는 걸 보며
따라서 먹어보는 너를 보며
난 생각했지
넌 정말 내 친구라고
작은 것 하나에도
나랑 같이 나누고 싶어 했던
넌 나의 어릴 적 옆집에 살던
오누이 같은 소꿉친구

황소울음 나즉이
들리는 날이면 어김없이 찾아와
향기로운 웃음 베여들던
향수 같은 내 친구

난 꽃에 대한 음유

침묵이 지나가는 봄을 캐내고
불꽃향기 날던 여름을 떨쳐내고
나무울타리에 갇혀
낙엽이 될 때를 인내하여
겨울 언 땅을 헤집고 나온
땅 표면에 속살 내미네

하얀 울먹임은
밤 별들의 숨은 적막함으로
남은 흔적 투명한 낮별에
눈 맑게 피어난 하얀 입술의 독백
따듯한 온정도 거부하고
신비로운 어여쁨에 탐내어도
흔들림 없이
백설의 꽃가지로 남은
흰 빗금속의 난 꽃

깊은 밤 아무도 들을 수 없었던
하늘의 하얀 소용돌이 일어
시간이 사라지고 시야가 멈추고
시인의 시상도 침묵된 시각
하얀 날개와 하얀 눈 속
순백의 고고함과 새하얀 사랑
히안 영혼의 기억과
하얀 바다에 심장으로 남은
겨울 눈 속의 하이얀 노래

로미오와 줄리엣

나 이제라도
이 사랑을 이루었다면 눈감아도 좋으리다

이른 아침
겨울 숲 궁전에 와서 하이얀 드레스에
멍울가슴이 젖는다

임의 목소리 부르다 부르다
마음이 만들어낸 한줌의 투명한 아침
찬란했던 하늘이여
달콤했던 로미오와 미풍속의
입맞춤이여

심장조차 남겨두지 않은
신비로운 사랑 앞에
영혼이 얼어얼어 망부석이 되어도 좋으리다

슬픈 전설의 줄리엣
그녀 또한 그의 사랑 그 곁에 눕나니
로미오와 줄리엣
우리의 영원한 사랑이여

장미향 같은 사랑

하얀 편지지에 사랑을 넣었네
다 열거할 수 없어도
당신은
나의 마음을 소중히 받네

하나를
고백하면
몇 배로 나를 감싸 도는
장미향 같은 사랑이여

나의 사랑 그 영원함이여

사월의 봄

봄꽃들의 눈이
사월의 대지를 응시하면
안개를 딛고 내린
그리움이 슬그머니 열려서
상실된 삼월이 가고
새들이 쪼아온 사월을
가슴속에 넣으며
밖으로 나온 사월의 햇살에
노오란 개나리 버들강아지
꽃잎자락 쪼로롱 따라옵니다

한 잎 한 잎 떨굴 때마다
눈물 또한 데구루루 굴러
봄은 사월을 밀어내려 합니다

사월이 가는 풀 섶에는
봄 햇살에 아쉬움을 녹이는
깨달음도 침묵으로 꽃을 피웁니다

겨울이 오는 들녘에서

실낱같이 흐르는 은빛 날
동백기름 고이 뿌리우고
가슴에 샛길 터놓고
하얗게 오는 너를 들녘에서 부른다
옥빛 천상에서 본 낙조처럼
땅 끝 지평선 너머 우주에서 중심을 잃고
못내 땅에 걸린 두꺼운 화문석위로
울고 웃는 향내이어라
떠나온 곳은 어디이고
향하는 곳은 어디인가
투명별이 쌓이고
초승달 껌벅이며 눈물이 난다
어느 것 하나 미운 것 없이
계절 한마디씩 잘라내고
장산그림자 얼룩져 내리는
그 길로 오리라
몇 백년 전 그 길로 하얀 눈물
떨구며 오듯이
안개 빛을 닮아 하얗게 하얗게
오는 너를 들녘에서 부르노라

시 평

김마리아의 시세계

- 서정성과 성경적 이해를 중심으로

『시인, 문학박사』 **조 선 형**

I. 들어가며

　스위스 심리학자 장 피아제(Jean Piaget)의 인지발달 이론에는 어린이들이 특정 발달 단계에서 자연스럽게 가지는 사고 특성 중 하나로 인지발달 4단계 설을 주장한다.
　그의 연구에 의하면, 서구의 아이들은 3단계의 물활론적 사고(animism)를 거친다고 했다.
　첫 번째 단계는 가장 원초적인 물활론으로 주위의 모든 것에 생명이 있다고 본다. 주위의 모든 사물에 영혼이 있다고 주장하는 불교나 일부 힌두교의 입장이 이들과 비슷하다.
　두 번째 단계는 운동하는 것에만 생명이 있다고 본다.

주로 4~6세 아이들에게서 나타나며, 이들은 생명이 있는지 없는지의 기준을 그 사물이 움직이는지 아닌지에 둔다. 이들에게 나무나 건물은 움직이지 않기 때문에 생명이 없고, 동물이나 자동차는 움직이기 때문에 생명이 있다. 마지막 단계는 스스로 움직이는 것만 생명이 있다고 본다. 6~8세의 아이들에게서 나타나며, 이들은 인간이 움직이는 자동차나 인간이 던진 공은 생명이 없다는 사실을 알고 있다. 그러나 스스로 움직이는 태양, 바람 등은 아직도 생명이 있다고 생각한다.

인간의 지적능력은 타고난 것이나, 그것이 주어진 환경에 적응하는 것이 인지의 발달이라는 것이며, 아동이 세계를 인식하고 이해하는 방식이 성장함에 따라 변화한다는 개념에 기반 한다.

누구나 이 같은 어린 시기를 거치면서 어른이 된다. 가령 자동차가 고장이 났는데 "자동차가 피곤해서 쉬고 있나봐"라고 어른들은 말하는가. 그런데 인지능력이 발달한 어른들은 창의력과 상상력을 동원해 남다른 능력을 표출한다.

창의력을 지닌 어른이 시인이라면 언어를 표출하는 방법도 다를까? 다음의 시를 보자.

시詩란,

    그냥 줍는 것이다
    긴거리나 사람들 사이에
    버려진 채 빛나는
    마음의 보석들... 나태주,「시」

나태주 시인은 "시詩란 무엇인가?" 라는 담론에 그냥 '마음의 보석'이라 말한다. 그러면서 그 보석은 길거리나 사람들 사이에 버려져 있다는 것이다. 먼저 줍는 자가 임자인 것처럼 그냥도 주울 수도 있는 게 시詩라고 말한다.

그런가 하면 어떤 여류 시인은 시가 무엇인지도 모르면서 시집이란 틀을 감히 이용한다며, 바람 잦은 산길에 서서/산언덕으로 올라오는 이야기를 주우면/소나기 소리로 부딪치고 가는 바람이/왜 이렇게도 아픈지요..(중략) -(송미정 시인, '바람으로 쓰는 편지' 부분 중에서)

시는 "바람 잦은 산길에서 산언덕으로 올라오는 이야기를 주울 수 있는 것이다"라고 말합니다.

김마리아 시인이 첫 시집 『아마릴리스 그녀의 기도문』에 120여 편의 보석들을 세상에 내어 놓습니다. 제목이 묵직합니다. 궁금합니다.

II. 머물며

 우리 인간은 성인이 되었다고 아동 때의 발달단계를 벗어났다고 생각할 는지 모른다. 그러나 50대 아니, 그 이상의 연륜이 되었다 해도 여전히 사물을 보는 시선은 아동기 때와 달라질 것이 없다.

 3세~6세 아이의 인식론, 즉 모든 사물이 살아있다고 생각하는 1단계와 움직이는 것은 살아있다고 생각하는 2단계와 물활론적 사고체계에서 3단계 논리적 사고체계로 발달이 저절로 성인이 되면서 연장된 것뿐이다.

 김마리아 시인의 시는 『아마릴리스의 기도문』에서 나온다. 마땅히 제1의 주제가 기도여야 한다.

 기도는 신 또는 거룩히 여기는 대상에게 의사소통을 시도하는 인간의 행위 양식이다. 일반적으로 스스로가 가야 할 길을 구하거나, 도움을 구하거나, 죄를 고백하거나, 사람의 감정을 표현하는 목적으로 한다.

 기도는 신성하게, 영이 가득한 말을 연속적으로 하는 형태이다. 신에 대하여 자신의 생각과 의지를 표현하는 행동을 통틀어서 '기도'라 한다.

1. 시는 경건해야 한다

 모든 사물이 살이 있다. 주위의 모든 사물에 영혼이 있다고 주장하는 불교나 일부 힌두교의 입장이 이들과 비슷하다.

느끼는 관점은 다를지라도 김마리아 시인의 「꽃의 기도」는 자못 경건하다 못해 간절하다.

청보라 빛
꽃 타래를 풀어서 만든
나의 여린 꽃 기도가 피어나게 하소서
밤이면 꺼질 줄 모르는
내 마음조차
선홍별이 되는 기도가 되어
가시별꽃으로 피어나게 하소서
찔려도 아프지 않을
기쁨과 슬픔과 행복이 녹아든
눈부실 대로 눈부신 밤하늘 가에
왔다가 되돌아가는 길에도
성숙한 기쁨이 되어
꽃으로 꽃으로
상처가 되지 않도록 어루만지듯
피어나게 하소서

이쯤 되면 '꽃의 기도'는 비장하다. 가시별꽃은 국화과(Asteraceae)의 1년생 초본식물이며, 꽃을 둘러싸서 받치고 있는 가시 모양의 포엽을 가진 꽃이다. 찔려도 아프지 않을, 오히려 성숙한 기쁨이 되어 꽃으로 피어나고 싶다는 간절함이

이 시에 담겨 있다. 하지만 기도만 해서 되는가. 분명 응답이 있어야 할 것이다. 시인은 그 대상을 아마릴리스 꽃으로 삼았다.
  아마릴리스는 수선화과의 여러해살이 풀인데 마치 백합꽃과 유사하다. 결단, 아름다움, 그리고 사랑을 의미한다.
  제목부터가 의미심장하게 중량감을 느끼게 한다. 현대어에서 쉽게 사용하지 않는 '알현하다'란 말을 시어로서 사용하기 때문이다.

    아리따운 그녀의 이름은
    아마릴리스입니다
    꽃봉오리 곱게 핀 밤하늘이지만
    어쩌다 오늘은 눈감기가 싫어져
    꼿꼿이 등을 펴고
    별빛 쏟아 부은 들창가로 나와
    별들을 쏠었습니다
    약한 내면에서
    수세기동안의 홀로 디자인된 쓸쓸함이
    저 하늘 돌아서가는
    여울목으로 남았기에
    그녀는 잠들지 못합니다
    그녀는 첫여름보다도 강렬한 입술과
    음악보다도 아름답고
    깊은 귀를 기졌으며
    마지막 겨울보다도 따스하며

고혹적인 가슴을 간직하고 있었습니다
되뇌이면 뇌일수록
나긋나긋한 아리따운 그녀의
이름은 아마릴리스입니다
내 영혼 속에서 꺾어내어도
자꾸자꾸 싹이 트고야마는 것은
눈부신 아름다운 기도의 응답이었습니다

『아마릴리스』전문

  시인은 이 시에서 형태학적인 꽃의 피어나는 모습과 마침내 아름다운 꽃을 피어낸 것을 보고 마치 시인의 오랜 기도가 응답받은 것처럼 기뻐한다.
  그런데 '아마릴리스' 꽃에 관한 시는 이미 류시화 시인도 썼다. 시상詩想을 그리는 태도만 다를 뿐입니다. 류시화 시인은 꽃이 피어나는 모습을 캔버스에서 피어나는 그림으로 표현합니다. 하지만 이보다 더 앞서 영국 출생 미국 시인 드니스 레버토프(1923-1997)는 그의 「꽃 피우는 직업」이란 시에서 아마릴리스의 개화 과정을 정밀하게 그렸지요.

자라는 것에 온전히 사로잡힌
그것은 아마릴리스
특히 밤에 자라며
동이 틀 때까지 자리를 지키고 앉아 바라보는 데는

내가 가진 것보다 약간의 인내심만 더
필요할 뿐
육안으로도 시간마다 키가 자라는 것을 볼 수 있다
해마다의 성장을 자랑스럽게 뛰어넘으며
헛간 문에 키를 재는 어린아이처럼
착실히 올라가는
매끈하고 광택 없는 초록색 줄기들

 어느 날 아침, 당신이 일어났을 때
그토록 빨리 첫 번째 꽃이 핀다
혹은 짧은 머뭇거림의 한순간
막 피어나려는 것을 당신은 포착한다
다음 날, 또 다음 날
처음에는 새끼 망아지처럼 수줍어하다가
셋째 날과 넷째 날에도 망설이다가
마침내 그 튼튼한 기둥 꼭대기에서
의기양양하게 꽃이 피어난다

만일 사람이 저토록 흔들림 없는
순수한 추진력에 이끌려
한눈팔지도 서두르지도 않고
온 존재로 꽃을 피울 수 있다면!
우리 자신을 가지고
꽃을 피울 수 있나면,
불완전한 것은 아무것도 없는 꽃을

불완전한 것조차 감추지 않는 꽃을!

김마리아 시인과 드니스 레버토프의 시의 공통점은 둘 다 긴 시라는 거다.

아무리 시가 길어도, 시인은 때로는 자신이 말하고 싶어 하는 두세 줄의 문장을 쓰기 위해 인내심을 가지고 긴 시를 쓴다.

내 영혼 속에서 꺾어내어도/자꾸자꾸 싹이 트고야마는 것은/
눈부신 아름다운 기도의 응답이었습니다
(김마리아, '아마릴리스' 부분 중에서)

만일 사람이 저토록 흔들림 없는/순수한 추진력에 이끌려/한눈팔지도 서두르지도 않고/온 존재로 꽃을 피울 수 있다면!
(드니스 레버토프, '아마릴리스' 부분 중에서)

마치 아마릴리스가 봄부터 긴 꽃대를 꾸준히 밀어 올려 마침내 줄기 끝에서 한 송이의 선홍색 꽃을 피우듯이 두 시인은 침착하고 끈기 있게 아마릴리스가 피어나는 모습을 묘사합니다.

2. 시의 대상은 생명이 있어야 한다.

운동하는 것에는 생명이 있다. 바람, 강물, 해, 자동차 등 따위에도 생명이 있다. 성경에서 말하는 인간은 흙으로 빚어놓은 존재다. 그리고 무생물에 입김을 불어넣었더니 흙이 생명을 지니게 되었다. 역설적으로 인간의 존재처럼 무생물에게 생명을 불어넣을 수 있는 게 시인이기도 하다.

    오므렸다 편 햇살들이
    장미꽃잎이 되고
    하얀 가슴에는
    담을수록 꽃불처럼 환해집니다
    여름의 의미가 없었다면
    타들어가는 하늘도
    땅으로 내딛는 빗물도
    간혹 눈 속에 저미는 슬픔도
    달이 되고 바람이 된다하여도
    비목어의 전설처럼 될 수 있다면
    영혼이라도 아깝지 않으리
    물결에 정화되어가는
    또 다른 눈동자의 눈이 있기에
    분분히 날리는 슬픔도
    비목어의 전설 또 다른
    얼굴이 없는 비목어의 승화
    예각도 망각도 없이
    두 눈이 하나로 봉인되어
    치유되는 사랑이고 싶으리

                                  『비목어』전문

본시 '비목어比目魚'는 당나라 노조린의 시에 나오는 전설의 물고기로 알려졌다. 태어날 때부터 눈 하나를 잃은 물고기가 있었는데, 어느 날 자신처럼 한쪽 눈이 없는 물고기를 만나 서로 의지하며 살았다는 전설이다. 둘이 하나를 이뤄야 비로소 온전해진다는 상징성 때문에 참된 사랑, 진정한 부부를 비유된다.

그런데 시인은 에둘러 "비목어의 전설처럼 될 수 있다면…" 하고 가정법을 쓴다.

아무리 천태만상이 자신의 뜻대로 될 수 없어도 전설은 전설이다. 류시화 시인도 '외눈박이 물고기의 사랑'에서 "외눈박이 물고기처럼 살고 싶다/외눈박이 물고기처럼 /사랑하고 싶다/두눈박이 물고기처럼 세상을 살기 위해/평생을 두 마리가 함께 붙어 다녔다는/외눈박이 물고기 비목처럼/사랑하고 싶다(류시화, 외눈박이 '물고기의 사랑' 부분)"라 읊었다. 이 시에서 그는 "-싶다, -싶다, -싶다"를 5번이나 반복해 사용한다. 그 정도로 전설처럼 살아가지 못했다는 방증이다. 김마리아 시인이 가정법을 쓸 수밖에 없는 연유는 여타의 사람들에게도 예외는 아닐 것이다.

비는 사람들의 좋은 기억과 나쁜 기억들을 동시에 소환한다. 주로 과거에 대한 회상을 떠올린다. 보통은 비가 오면 장소에 따라 또는 비의 양에 따라 사회의 통상적인 규칙이 혼란을 일으켜 많은 변화를 야기한다.

19세기 영문학에서 비(rain)는 열이 나거나 청혼을 받는 것을 의미하는 경향이 있었다. 조지 엘리엇은 The Mill on the

Floss 에서 "비는 사랑스러운 신사가 매력적인 이웃을 방문하고 그녀 옆에 머물 수 있는 완벽한 기회"라고 말합니다. 비는 끝없는 영감의 원천이기도 합니다.
  비의 종류는 40여 가지나 되는데 상황에 따라 정서는 변화할 수 있다.

    마른 파도의 물결 적신
    무지개 너머
    유년의 추억을 데리고
    비가 예까지 오나 봅니다
    바람에 묶인 나무가
    해마다 하늘에 열매를 걸어 두고
    비만이 알 수 있는
    또 하나의 빗길로
    그림의 행성들이 오선지를
    이탈하며 넘나들며
    비도 길을 내었습니다
    푸른 물고기 떼 돌처럼 굳어져
    적멸에 들기 전 짙어지는 구름 떼
    뜨겁게 타고 있는 화인의 흔적
    지친 가부좌로 앉아
    비경의 생을 마감하려는 듯
    비도 길을 내었습니다
    비는 직각과 사선

내 심장의 오목한 곳에서
녹아드는 시 한 구절
하늘 닫힌 문이 열려
살아 있는 것이 그토록 아렸는지
비는 악보를 삼키고 뱉는 오케스트라
연둣빛 화두로 빗길을 트는데
비도 길을 낼 수 있나 봅니다

『비도 길을 내었습니다』전문

시인은 자기에게 길을 내어 줄 정도의 비의 종류에 대해선 언급한 바가 없다. 다만 비의 형태는 직각과 사선으로 오는 비니만큼 는개비나 안개비처럼 가는 비는 아닐 것으로 짐작한다. 좀 세차게 바람을 동반한 작달비 정도는 되리라 추측한다.
하늘문이 열리고 살아있는 것이 아리고 악보를 삼킬만한 비인 것이다.
게다가 악보를 삼키고 뱉는 오케스트라를 빗는 비라니! 막연하지만 리스트의 헝가리 광시곡 2번쯤이 아닐까요?
이처럼 시어로서의 비의 존재는 가히 가늠하기 어려울 정도로 다양하게 표출됩니다. 조병화 시인은 빗속에는 슬프고도 아름다운 사랑의 과거가 있다.
그러면서 비오는 거리를 걸으면서 무언가를 생각하는 사람은 사랑을 안다고 말한다.

비를 좋아하는 사람은 과거가 있단다/슬프고도 아름다운 사랑의 과거가...//비가 오는 거리를 혼자 걸으면서/무언가 생각할 줄 모르는 사람은/사랑을 모르는 사람이란다.// (중략) ....
조병화, '비를 좋아하는 사람' 부분 중에서

비를 좋아하는 사람은 비를 맞으면서 안정을 찾는다고 하는데, 하루 중에 아침에 내리는 비는 어떤 의미를 전할까요.

그이는 잔에 커피를 담았지
그이는 커피잔에 우유를 넣었지
그이는 우유 탄 커피에 설탕을 탔지
그이는 작은 숟가락으로 커피를 저었지
그이는 커피를 마셨지
그리고 잔을 내려놓았지
내겐 아무 말 없이
그이는 담배에 불을 붙였지
그이는 연기로 동그라미를 만들었지
그이는 재떨이에 재를 털었지
내겐 아무 말 없이
그이는 나를 보지도 않고 일어났지
그이는 머리에 모자를 썼지
그이는 비옷을 입었지
비가 내리고 있었기에

그리고 그이는 빗속으로 떠나버렸지
말 한마디 없이 나는 보지도 않고
그래 나는 두 손에
얼굴을 묻고 울어 버렸지.......... 자크 플로베르(1900~1977), 「아침식사」전문

아침은 삶의 시작이지만, 지난밤의 시간과 단절을 의미하고 그 단절이 공간의 단절을 이끈다. 왜? 그가 떠나기 때문이다. 그것도 빗속을 걸으면서 비옷을 입고 떠난다. 비옷을 입었다는 것은 메마른 그이의 내면을 암시한다. 빗물에 이지러지지 않고 메마르게 있다는 것은 그녀의 눈물에 아랑곳하지 않겠다는 것. 그래서 이 아침이, 이 시작이 더 아프다. 이렇게 이 시의 아이러니는 시작을 알리는 아침에 끝이 오는 이별이라는 점, 그래서 아침은 시작이 아니라 끝이라는 점, 관계의 시작이 아니라 관계의 끝이고, 그것은 삶의 시작이 곧 삶의 끝이라는 점에서 발생한다.

3. 시는 스스로 움직이는 것이 생명이 있다

시詩에도 생멸(生滅)이 있다면 어떤 시는 살고, 어떤 시는 죽은 것일 수도 있다. 생명이 있는 시는 그 안에 적절한 교훈이 들어 있다. 어떤 시는 깨우침을 주고, 또 어떤 시는 영혼을 일깨울 만큼 영감을 주기도 한다.

필자는 영시를 통해 많은 감명을 받는데 유독 미국 시인 로버트 프로스트의 시 중에서 '가지 않은 길(The Road Not

Taken)'과 '눈 내리는 저녁 숲가에서 서서(Stopping by Woods on a Snowy Evening)'가 내 가슴속에 오래도록 살아 있다.

 읽히고 오래 기억나는 시가 좋은 시다. 김마리아 시인의 '유월이 지나는 길목에서'를 읽기 전에 먼저 로봇 프로스트의 생명력이 있는 시 한 편을 소개한다.

(중략)
그의 외침으로 아무것도 달라진 것은 없었네
다만 건너편 절벽의 돌 비탈에
부딪친 물체가
멀리 떨어진 수면에 첨벙하고 떨어졌으며,
잠시 후 그것이 헤엄을 쳐 가까이 왔을 때,
그 자신과 함께 있을 수 있는
인간이 아니라
그것은 큰 수사슴으로 힘차게 나타났네,
출렁이는 물을 위로 밀어 헤치며
폭포처럼 물을 흘러내리며 뭍에 올라,
바위 사이를 거친 걸음으로 비틀거리며,
덤불숲을 거세게 헤치고 갔네 - 그게 전부였네.'....(로버트 프로스트 / 최선의 것 The most of it)

 그의 이 시는 1942년 시집 "목격자 나무"(A witness

tree)에 수록되어 있다.

 이 무렵의 프로스트는 정신적으로 아주 힘든 시기였다. 1934년 딸(Marjorie)의 죽음, 1938년 부인(Elinor)의 죽음, 1940년 아들(Carol)의 자살 등 연쇄적인 불행한 일이 거듭하면서 그는 삶의 고독과 환멸을 느끼고 있었다. 그가 항상 위안을 찾았던 대자연은 무관심하며, 전혀 생소하고 심지어 위험하게까지 여겨졌다.

 이 시는 시인의 고독한 심경과, 자신에게 전혀 응답하지 않는 우주와 자연의 질서에 당혹해하는 시인의 마음을 적었다. 하지만 그의 시 속에서 굉장한 생명력을 느낄 수 없는가. 절벽 아래 떨어진 물체가 사람인 줄 알았는데 나중에 알고 보니 큰 사슴(buck)이었다. 죽은 줄로만 알았던 그것이 물속을 저벅저벅 걸어 나오는 장면을 상상해보라.

 위의 시 '최선의 것"(The most of it)이 갖는 제목 안에는 두 가지 의미가 함축되어 있다.

 첫째, 시인은 삶에서 '가장 많은 것'(The most of it), 즉 최선의 것을 갈망하고 있다. 우주와 자연이 그러한 그의 욕망을 충족시켜 줄 것이라는 기대다.

 둘째, 'the most of it'은 흔히 'make the most of it'의 숙어로 쓰이며, 주어진 기회나 혜택을 '최대한 활용하라'는 의미를 지닌다.

 시인은 삶에 대해 서로가 진실하게 반응하는 사랑을 원하고 있지만, 그러한 외침에 돌아오는 것은 자신의 목소리에 대한 공허한 메아리뿐이다.

 김마리아 시인의 유월이 지나는 길목도 과연 그런가.

동공의 시어들이
낮엔 높은 하늘에 연줄을 띄우다가
밤엔 청자빛으로 온 몸이 파리하다
매혹적인 벌들이 배낭을 메고
꽃길을 오가는 한 나절의 물결은
색을 바꾸다가 노을이 채색되기도 전에
밤바다에서 흑조가 된다
아픈 기억 까맣게
해바라기 숲으로 들고
생각만으로 가둘 수 없었던
갈망은 숙성되지 못하고
세월이 가고 시간이 흐를수록
연둣빛 시어들은 밤하늘의 끝없는 고독이다
생명마저 망부석이 된다하여도
더욱 그리워지는 건
나의 간구가 너무나 절실한 까닭이다

맑은 영혼을 가진 사람은
내 속눈썹과 이마에 입맞춤하리라
모두가 잠들었을 때 유월은 간다
『유월이 지나는 길목에서』전문

시인의 기도문에 들어있을 간구가 뭘 지 궁금하다. 어쩌면 망부석이 된다 하여도 화자의 그리움은 채워지질 않을 것 같다. 그런데 망부석이 웬 말인가. 그것은 집 떠난 낭군이 돌아오길 오매불망 기다리다가 돌이 되어버렸다는 전설이 아닌가. 화자의 최선의 것은 기다림이다. 비록 그것이 채워지지 않는, 끝없이 이어질지도 모르는 갈망으로 남는다 해도 기다려야 하는 시인에겐 유월은 절실하고 고독하다. 어이하랴.

세상에는 의외로 우연한 일이 운명을 가르는 경우가 허다하다. 예전엔 간판이 지금의 미디어 광고를 대신했다. 어떤 이름들은 오래도록 기억하기 좋은 것이 있다. 시의 제목을 어떻게 붙이냐에 따라 독자의 손을 이끌게도, 놓게도 한다.
김마리아 시인의 '소나기'는 우리에게 익숙한 단어다. 자연현상에서 일상으로 만날 수도 있고 소설이나 시의 제목과 시어로도 주주 접하는 친근한 말이다. 좀 거창하게 비유로 인생길에서 만나는 소나기도 있다. 이처럼 연상 법을 떠올리게 할 제목을 김마리아 시인이 들고 나왔다.

하늘에 꽃 문이 열리면
곱사등 노인의 젖은 적삼 위로
조각구름 내려앉아 목을 축인다

속삭이는 말보다
가장 큰 소리로
다가가서 고백하는 날이다

너를 부르면
삶의 날줄에
나를 향해 맨발로 와 닿는
너는 내가 꿈꾸던 기다림

본연의 색채에
오색무지개 타는 목소리
하얀 물새처럼 춤을 추듯
유리창 너머로
도란도란 꽃들의 함성
갈망을 적실 탱탱한 심장소리
하루가 해갈을 하고 허물을 벗는다

『김마리아, '소나기'』전문

  이 시에는 탁월한 시문이 들어 있다. "하루가 해갈을 하고, 허물을 벗는다." 우리말 표현의 묘미를 보는 듯하다. 그리고 "부르면, 나를 향해 맨발로 와 닿는 내가 꿈꾸던 기다림의 존재"가 바로 '너'란다. 필자가 그렇지만 일반 독자도 소나기 하면 벌써 황순원의 소설『소나기』로 달려갈 것이다.
  ....소년이 아버지에게 물었다. "아빠! 소나기가 뭐야? 응, 갑자기 쏟아지는 비란다. 그럼 어떻게 해야 돼? 잠시 비를 피했다가 비가 그치면 가면 된단다."...

  소년은 이 일 후에 소나기와 비를 구분하는 법을 배웠다. 소나기는 잠시 피하는 거라고. 소설은 소나기를 만나 전개되는 소년 소녀의 풋사랑 이야기가 중심 줄거리다. 빗발치는 소나기 속에 소년은 소녀를 등에 업고 불어난 개울을 건너 소녀의 집에까지 데려다 주었지만 그 날 이후 소녀는 감기 때문에 죽었다. 자연의 비는 맞으면 옷이 젖고 감기가 들 뿐이지만, 인생에서 만나는 소나기는 죽음과 같은 참담한 상황까지 올 수도 있는 것이다.

그런 면에서 생각하면, 정현종 시인의 시 '방문객'의 첫 두 소절은 "사람이 온다는 건/실은 어마어마한 일이다."로 시작한다. 소나기란 제목이 갖는 유추다. 제목에서 벌써 오래 잊힌 기억속의 황순원 작가와 김유정 작가를 소환하여 찾아오게 하지 않는가. 소나기는 우리네 삶에서 친근한 서정을 주기도 하지만 그 반대일 수도 있다.

시는 교훈도 주지만 자기 성찰을 하게 해준다.

가슴속에도
별이 뜬다는 것을
이제야 알았어요
가슴속에도 비가 온다는 것을
이제야 알았어요

우리의 가슴속
일기예보는

은빛곡선을 그리며
표현하는 당신의 사랑온도
가슴속에도 영혼의 햇살이
가슴 벽안을 채우며
피어난다는 것을 이제야 알았어요

가슴속에도
하얀 눈이 고고히
내린다는 것을 이제야 알았어요
언 발로 달려와
따듯한 피가 흐르는 내 가슴속에
꼭 꼭 숨어있는 당신을
나만 알아차릴 수 있다는 것을
이제야 알았어요

『이제야 알았어요』 전문

"이제야 알았어요"는 화자의 자아성찰의 내면의 발화이다. 일반적으로 자아성찰은 스스로 자신의 내면을 깊이 돌아보고 분석하는 과정을 의미한다. 이는 단순한 회상에 그치지 않고, 과거의 행동, 생각, 감정 등을 되짚어보며 자신의 패턴과 선택의 다양성을 깨닫는 것까지를 포함한다. 이를 통해 개인은 자신의 가치관, 신념, 감정 상태 등을 명확히 인식하게 되며, 자기 자신에 대한 깊은 이해와 깨달음을 얻을 수 있다.

자신의 모습을 제대로 보려면 마음의 눈을 통한 성찰이 필

요하다. 맹자는 사람이 태어날 때부터 갖게 된 '마음(心)'의 중요성을 역설하면서 "공부에 있어서 무엇보다 먼저 해야 할 일은 잃어버린 마음을 회복하는 것"이라고 하였다. "너 자신을 알라"고 외치던 소크라테스나, "세상에서 가장 위대한 일은 자기 자신을 찾아 자기 자신이 될 줄 아는 일"이라고 말했던 몽테뉴 역시 진정한 자기 찾기, 즉 자기인식이야말로 우리의 삶에 있어 매우 중요한 것임을 역설했다.

이 마음의 눈을 지닌 사람이 시인이 아닌가. 또한 마음을 담은 곳이 가슴인데 김마리아 시인의 가슴속에는 별이 뜬다. 그런가 하면 사랑의 온도까지 잴 수 있는 일기도 예측할 수 있다. 더 나아가 그 가슴속은 눈까지 내리는 날에 "언 발로 달려와/따듯한 피가 흐르는 내 가슴속에/꼭 꼭 숨어있는 당신"이란 존재를 시인만 알아차릴 수 있다는 것이다.

기왕에 시인의 가슴속에 별이 뜬다 했으니 별 이야기 좀 더 하고 가자.

별빛 아래에서의 고백은 그 어떤 것보다도 로맨틱한데 시인들은 종종 별을 통해 마음속 깊은 감정을 풀어내곤 해왔다. 그들의 시를 읽다 보면 마치 별과 대화하는 듯한 기분이 든다. 별은 단순한 천체가 아니라, 우리의 꿈과 소망과 사랑을 담고 있는 존재이다. 작가들은 별을 통해 인생의 의미를 탐구하고, 인간 존재의 고독을 이야기한다.

남을 따라서 살 일이 아니다/네 가슴에 별 하나/숨기고서 살아라/
끝내 그 별 놓치지 마라/네가 별이 되어라.......... 나태주, 「너는

별이다」중에서

　나태주 시인은 마음에 별이 있는 사람의 인생은 무엇이 달라도 달라야 한다는 것이다. 별이 인생의 길잡이 같은 존재일 수 있으니까, 인생에서 별의 존재는 엄청나게 소중한 존재이다.
　사람들에게 별의 느낌은 밝고 기쁘기도 하고 슬프고 아프기도 하다. 왜일까? 별은 멀기 때문이다. 그런데 수치로 가늠하기 어려울 정도로 먼 데서 또 빛이 나기 때문이다. 그리하여 절대적 거리는 때로는 소망과 환희를 낳기도 하지만 그만큼 절망과 허무를 낳기도 한다.
　그런데 가끔은 시인이 절대자와 대등한 권능을 가진 존재란 생각이 든다.
　김마리아 시인의 '별'에는 벌써 그런 기미가 보인다.

　...(중략)..
이미 내 가슴에 피인 너를
하늘가에 고요히 꺼내어 밤마다
하나씩
별을
만들어 내는 일이다......... 김마리아, '별' 부분 중에서

　시인의 별은 사랑이다. 아침에도 밤에도 도시 떠날 줄 모르

는 온전한 사랑인 거다. 이미 가슴속에 들어와 있는 사랑을 밤하늘 하나씩 별을 헤듯 꺼내어 만들어 낸다.

불타는 언약이 깊을수록
사막 한가운데는 바람이 인다

백지장처럼 뉘인 모래톱에서
모진 바람이 일수록
물 한 방울의 은총이 없는
눈물 마른 가시들이 돋는다

태고부터 팽팽한 긴장감 돌아
마음을 접고 펴는 사막에서
하늘 위로 피워 올리는 강인한 사브라

미풍의 안락함을 땅 끝에 묻고
아이러니한 삶에 생멸을 거듭하여도
기억하리라 내가 너를
꽃 중의 꽃으로 피어남을

(김마리아, 「선인장」 전문)

김마리아 시인은 이 시에서 두 개의 묵직한 시어 '언약과 사브라'를 던져주었다.

언약은 끝맺는 말에서 언급하겠지만 사부라와 함께 성경적 해석의 이해를 요하는 시어들이다.

'사브라'의 사전적 의미는 통칭 이스라엘 태생의 이스라엘인(건국 후에 이주해 온 이스라엘인과 구별하기 위해서 쓰는 말)을 말한다. 유대인들은 자기 자식을 선인장 꽃의 열매에 비유해 "사브라"라고 한다. 그것은 사막의 악조건에서도 꽃 피우고 열매 맺는 강인한 사람이 되라는 의미를 담고 있다.

열매 맺었다는 것은 피나는 고통과 사랑의 결과물임을 가르치고 있는 것이다. 지금 겪는 거친 바람과 시련도 훗날 꽃으로 필 수 있다는 생각만으로 성장통과 같은 고비를 넘는다.

유대인들에게는 이것은 신념이자 잠언 같은 존재이다. 그러니 이들이 겪는 고난은 오히려 희망이었고 고통은 꽃을 피우는 과정에 불과할 뿐이다.

까마득히 잊고 지냈던 질곡의 추억들이/시샘하는 바람에 부딪히는 두 다리가/허공을 헤집고 어디로 향해 하는지/눈부신 전조등에 모여든 봉긋한 동공이/물빛 속으로 빨려 들어가는 것조차/한 번쯤 기억 밖으로 꺼내 보이며/추억을 걸어가는 너의 이름은 사브라/
중략....(윤외기, 「너의 이름은 사부라」 부분 중에서)

이 시는 윤외기 시인이 깅변을 거닐다가 문득 스치는 기억들을 추억하며 하나하나씩 꺼내본 상념들이다. 그의 시에서 고난의 꽃을 피울만한 사브라의 이미지는 없다.
  그런데 김마리아 시인에게는 웬지 모르게 냄새가 나는 듯하다. 불타는 언약의 도입부가 심상치 않다. 그리고 3연에서 비장하게

"태고부터 팽팽한 긴장감 돌아/마음을 접고 펴는 사막에서/하늘 위로 피워 올리는 강인한 사브라"를 외치더니, 마지막 연에서 "기억하리라 내가 너를/꽃 중의 꽃으로 피어남을" 하고 의지를 다지지 않는가. 기도문에 들어갈 자신과의 언약이다.

III. 나가며

  김마리아 시인의 시집에는 두 개의 큰 화두가 있다. 즉, 하나는 기도문이요, 다른 하나는 언약이다.
  "언약言約 covenant 은 사전적 의미는 '말로써 약속하다'는 말인데, 성경에서 말하는 의미와 형태는 좀 다르다. 다시 말해서 언약은 쌍방간의 합의에 의해 이뤄지는 약속(계약, 맹세). 하나님과 사람, 사람과 사람, 민족과 민족 간의 약속이 주류를 이룬다. 성경은 특별히 하나님께서 인간과 인격적으로 맺으신 구원 언약(testament)이 중심 주제이다.
  다만 신구약의 언약의 의미가 차이가 있다. 구약 시대 언약을 체결할 때에는 일반적으로 자신보다 더 큰 권위를 힘입어

맹세를 했으며, 언약 체결 후 선물을 교환하거나, 잔치를 베풀거나, 손을 들거나, 신발을 벗거나, 악수를 함으로써 그 언약의 신실한 이행을 약속하였다[네이버 지식백과, 언약(言約, covenant) 참조)]"

신약성경에서는 주로 하나님의 구속적인 사랑을 나타내는 도구로서 언약이라는 말이 사용되고 있고, 특히 그 언약의 증표로서 구약의 선지자들이 예언한 바 있는 메시야 예수를 통한 새 언약)이 소개되고 있다.

결론적으로 김마리아 시인의 첫 시집 『아말리우스의 기도문』의 결말은 두 문장으로 요약할 수 있다.

"기억하리라 내가 너를/꽃 중에 꽃으로 피어남을"

흔히 골프에서 아마 선수가 기본기를 습득한 후에 필드에 나가 정식으로 18홀 또는 9홀을 처음 경험하게 될 때 "머리 올리다"는 말을 쓰는데, 처음으로 정식 라운드를 도는 것을 말한다.

무엇보다 이 시집은 하늘에 계신 어머니에게 바치는 헌정의 마음을 담아낸 시집이다.

제게 그토록 그리운 존재는
어머니였습니다.

시詩에게 가까이 가는 일은
어머니를 만나기위한 일이기도 합니다. ...(시인의 말 중에서)

    필자가 살고 있는 동네 중앙도서관 옥상에 '사색의 정원'을 꾸며 놓았다. 하늘과 바람을 품은 정원에 도서관 이용자들이 잠시 생각을 정리할 수 있도록 만든 쉼의 공간이다. 도서관서가(書架)에 김마리아 시인의 첫 시집 『아마릴리스 그녀의 기도문』이 꽂히고, 그 시집을 뽑아 읽어줄 독자들이 많아지기를 바란다.

아마릴리스 그녀의 기도문

아마릴리스 그녀의 기도문

지 은 이 | 김마리아
초판인쇄 | 2025년 07월 04일
초판발행 | 2025년 07월 08일

펴낸곳 | 도서출판 영혼의 숲
펴낸이 | 허 광 빈
편집디자인 | 정 원 식

편 집 | 서울특별시 중구 퇴계로 187 국제빌딩 206호
주 소 | 서울특별시 은평구 통일로 53길 9-15
전 화 | 02) 2263-0856
모바일 | 010-6770-6440
E-mail | booksyhs@naver.com

ISBN : 979-11-90780-36-0 (03810)

가격 : 13,000원

※ 이 책의 저작권은 저자와 도서출판 영혼의 숲에 있습니다.
무단전재와 복제를 금하며 잘못된 책은 교환해 드립니다.
※ 저자와 협의로 인지는 생략합니다.

이 도서의 국립중앙도서관 출판예정도서목록(CIP)은 서지정보유통지원
시스템 홈페이지(http://seoji.nl.go.kr)와 국가자료종합목록시스템
(http://www.nl.go.kr/kolisnet)에서 이용하실 수 있습니다.
(CIP제어번호 : 979-11-90780-36-0(03810)